나는
오십에
영어를
시작했다

나는 오십에 영어를 시작했다

어른을 위한 공부법은 따로 있다, 정재환의 리스타트 영어

1판 1쇄 펴낸 날 2018년 10월 25일

지은이 | 정재환
주 간 | 안정희
편 집 | 윤대호, 김리라, 채선희, 이승미
디자인 | 김수혜, 이가영
마케팅 | 권태환, 함정윤

펴낸이 | 박윤태
펴낸곳 | 보누스
등 록 | 2001년 8월 17일 제313-2002-179호
주 소 | 서울시 마포구 동교로12안길 31
전 화 | 02-333-3114
팩 스 | 02-3143-3254
E-mail | bonusbook@naver.com

ISBN 978-89-6494-357-1 03190

나는 오십에 영어를 시작했다

어른을 위한 공부법은 따로 있다
정재환 교수의 리스타트 영어

정재환 지음

보누스

내가 영어를 포기할 수 없었던 이유

때때로 배우고 익히면 즐겁지 아니한가!

　　논어 첫 장에 나오는 말입니다. 논어는 공자가 쓴 책이 아니고, 제자들이 공자의 소중한 가르침을 모아 엮은 어록입니다. 공자 흉내도 아니고 논어처럼 동서고금을 관통하는 진리를 담고 있는 책도 아니지만, 여기 담긴 내용들이 공부하는 법에 대한 것이기에 감히 '학이시습지 불역열호'(學而時習之 不亦說乎)로 시작합니다.

　　'연예인 주제에 무슨 공부하는 법인가?' 하고 눈을 흘길 독자도 있을 것입니다. 그렇습니다. 저는 30여 년을 개그맨·방송 사회자로 살아왔습니다. 개그맨 활동은 1995년에 접었지만, 방송사회자로서는 지금도 현역입니다. 어쩌면 방송 경험을 나누거나, 방송사회자론 같은 책을 쓰는 것이 더 호소력이 있을지도 모릅니다. 그러니 이런 책을 쓰게 된 이유를 간단히 밝히고 넘어가겠습니다.

일도 중요하지만 공부도 해야겠다는 생각으로 마흔 살에 성균관대학교에 입학했습니다. 그러자 늦깎이 학생 또는 만학도라는 호칭이 따라붙었습니다. '그 나이에 무슨 공부를 해?' 그렇죠. 사람은 때를 알아야 합니다. 앉고 설 때, 귀를 열고 입을 다물 때, 입을 열 때, 공부할 때, 일할 때, 결혼할 때 등등 사람은 모름지기 적절한 때를 알아야 잘 삽니다. 늦었다면 늦었다고 할 수 있겠죠? 하지만 정말 공부하기에 마흔이라는 나이는 너무 늦은 걸까요?

하지만 때를 놓쳤다고 해서 길이 없는 것도 아니고, 갈 수 없는 것도 아닙니다. 간판이 필요하냐는 말도 무모하다는 말도 들었고, 한창 일할 나이에 무슨 공부냐는 진지한 충고도 들었습니다. 그렇지만 이상하게도 공부가 하고 싶어서 묵묵히 학교에 다녔습니다. 역사를 공부하고, 3년 만에 인문학부를 수석으로 졸업했을 때는 저도 스스로 놀랐지만 주변 사람들은 더욱 놀랐습니다.

대학을 졸업했으니 마이크 앞으로 돌아오겠지 하고 기대

했던 방송가 동료들도 없지 않았지만, 저는 석사과정과 박사과정으로 직행했고, 2013년 2월에 한글운동사 연구로 박사학위를 받았습니다. '정재환이 박사 됐다던데 이거 실화야?'

마흔에 공부를 시작한 전형적인 만학도이고 아이큐도 그다지 높지 않은 평범한 머리의 소유자인 제가 박사학위를 받았다는 사실에 의심의 눈초리를 보내는 사람도 있었습니다. 요즘 널린 게 박사라는데 제대로 된 학위냐고 비아냥거리는 사람도 있었습니다.

굳이 그 과정을 일일이 설명할 수도 그럴 필요도 없겠지요. 그저 저는 강의 열심히 듣고 책 열심히 봤더니 졸업장을 주더라고 말할 수밖에요. 저는 머리가 뛰어난 편이 아닙니다. 공부는 엉덩이로 하는 거라기에 말 그대로 엉덩이로 버텼을 뿐입니다. 사람들은 흔히 말합니다. 나는 머리가 안 좋아. 나이가 드니 기억력이 많이 떨어졌어. 이 나이에 무슨 공부를 해? 공부는 이상하게 나하고 안 맞는 것 같아…. 하지만 정말 그럴까요?

적성이 맞지 않을 수는 있지만, 나머지는 그저 근거 없는 변명에 지나지 않는다는 것이 제가 엉덩이로 공부하며 얻은 결론입니다. 하루 10시간 또는 12시간 이상 공부하면 나이와 머리와 한계를 모두 극복할 수 있습니다. 어려운 시험을 통과한 사람들이 공통적으로 하는 얘기도 3년 동안 하루 12시간 이상 공부했다는 것입니다.

저는 성균관대학 초빙교수로 한국사를 강의하면서 경기대와 추계예술대에 출강하고 있습니다. YTN의 〈재미있는 낱말풀이〉를 진행하며, 대중들을 상대로 우리말과 역사를 주제로 특강도 하고 있으며, 지난해부터 답사 길잡이도 짬짬이 하고 있습니다. 이 모든 것이 마흔에 시작한 공부가 준 선물입니다.

세속적인 잣대로 볼 때 결코 엄청난 성취가 아닙니다. 오히려 '방송 열심히 했으면 더 잘 나갔을 텐데, 더 잘 살고 있을 텐데'라고 말하는 이들이 많습니다. '잘 사는 것'의 척도가 돈이나 인기 같은 것이라면 그들이 맞습니다. 하지만 돈이나 인기 혹은 지위가 잘살고 못사는 것을 가르는 기준이 된다면 삶이 너무 슬프지 않을까요?

살며 배운 것 중 하나는 '내가 하고 싶은 것을 할 때, 행복했다'는 것입니다. 퇴근 후 가족들과 함께 저녁을 먹을 때, 두 다리 뻗고 텔레비전 볼 때, 동료나 친구들과 함께 치맥과 수다를 나눌 때, 주말에 산에 오를 때, 1년에 한 번쯤 여행을 떠날 때, 갖고 싶었던 가방이나 셔츠를 살 때 우리는 행복을 느낍니다. 저는 공부할 때 행복했습니다.

그러나 체계적으로 공부하는 것은 좀 힘듭니다. 전문서를 읽고, 어려운 강의를 듣고, 시험 때면 온몸이 뻐근할 정도로 과부하가 걸립니다. 한글운동사를 공부하다가 일본어가 필요해 어쩔 수 없이 일본어를 공부했습니다. 공부 자체도 쉽지 않았지만, 어학원에 나가 20대 청춘들과 얼굴 마주하고 말 섞는 것도 민망했습니다.

시간은 걸렸지만 일본어능력시험 1급을 땄고, 웬만큼 읽고 말할 수 있게 되었습니다. 1990년대 초 일본에 갔을 때는 벙어리였는데, 일본 여행을 다니면서 보고 먹고 자는 것을 스스로 해결할 정도는 되었습니다. 일본 친구도 생겼고, 2017년에는 《큐우슈우역사기행》도 출간했습니다. 일본사가 전공은 아니지만 일본어 공부 덕분에 얻은 짭짤한 추가 소득(?)이었습니다.

지금 저는 한국사 공부를 계속하고 있고, 오랫동안 놓았던 일본어도 아주 잊지 않도록 틈틈이 하고 있으며 영어 공부에도 많은 시간을 투자하고 있습니다. "으잉! 뭐라고? 정재환이가 영어를 공부한다고? 방송에 잘 안 나오더니, 진짜 할 일이 없나?"

5060이 어릴 때는 국경이 높았고, 외국인들 만날 기회도, 외국에 나갈 기회도 없었습니다. 영어가 꼭 필요하지 않았고, 쓸 기회도 적었습니다. 영어 잘하는 친구들은 부러웠지만 영어를 말하지 못해도 취직이 가능했으니, 적당히 넘어갈 수 있었습니다. 아주 절박하지 않았고, 그래서 포기한 5060이 많았습니다.

5060은 은퇴를 준비하고 있거나 혹은 이미 은퇴했습니다. 회사에서 정년 이후에도 일할 수 있는 임원들의 숫자는 많지 않습니다. 나머지는 형편에 따라 재취업을 하거나 쉬거나 놀아야 합니다. 문제는 평균 수명 100년 시대를 앞두고, 어떻게 남은 시간을 잘 놀거나 활용할 수 있을까 하는 것입니다.

　　등산이나 여행도 좋지만 공부를 추천합니다. 어릴 적 공부는 순전히 자신이 원해서 한 것은 아니었습니다. 시험 준비는 고통스러웠습니다. 자발적으로 즐기면서 공부를 할 수 있는 최적의 시기는 바로 50대와 60대입니다. 일본의 공부 전문가 와다 히데키는 정년 후를 위한 준비를 위해 혹은 60대와 70대를 풍요롭게 살기 위해 공부하라고 조언합니다.

　　무엇을 할지는 각자 선택하면 됩니다. 역사나 철학, 문학도 좋고, 외국어, 인공지능, 4차산업, 주식투자 등등 많은 선택지가 눈앞에 있습니다. 실용 분야를 선택한다면 일터에서 직접 활용하거나 자본을 증식할 수 있을 것이고, 비실용적인 분야라 해도 삶을 더욱 풍요롭고 윤택하게 만들어줄 것입니다.

　　100세까지 산다 해도 건강하지 않으면 단명하느니만 못할 것입니다. 5060은 건강에 관심이 많습니다. 치매는 5060을 협박하는 무서운 병 중 하나인데, 성균관의대 나덕렬 교수는 뇌를 건강하게 관리하기 위해 끊임없이 두뇌 활동을 해야 하는데,

고스톱도 좋지만 '외국어 배우기'가 치매 예방에 최고라고 했습니다.

지난해 95세를 맞은 박용석 선생은 65세에 퇴직하고, 이후의 삶은 덤이라고 생각하고 죽는 날만 기다렸는데, 30년이 지나 95세가 되었다면서 이럴 줄 알았다면 부끄럽고 비통하고 후회스럽게 살지는 않았을 거라며 어학 공부를 시작했습니다. 이유는 단 한 가지, 105번째 생일에 95살 때 왜 아무것도 시작하지 않았는지 후회하지 않기 위해서입니다.

20세기가 일인일기의 시대였다면 교통과 정보·통신 등의 발달로 지구가 하나의 촌이 된 21세기는 일인일기 더하기 일인일어(一人一語)의 시대입니다. 한국인으로서 인생의 전반기를 대한민국에서 보낸 5060이지만 인생 후반기는 세계인으로서 더 넓은 세상을 무대로 사는 것이 즐겁지 않을까요?

정 재 환

차 례

제 1 장

영어와 제대로 한번
붙어보자

You don't have to be great to start,
but you have to start to be great.

- Zig Ziglar -

영어를 꼭
해야 되냐고요?

나이 마흔에 성균관대학교에 입학해서 한국사를 공부했습니다. 방송 일을 하는 시간 외에는 모두 공부하는 데 썼습니다. 물론 씻는 시간, 화장실 가는 시간, 먹는 시간 등 필수적인 것 외에도 커피를 마신다거나 하릴없이 빈둥거리는 시간도 많았습니다. 가끔은 누군가에게 전화를 걸어 수다를 떨기도 했고, 기분 전환을 한다며 바깥바람을 쐬러 나갔습니다. 저도 주위의 누군가와 다를 바 없는 인간이었고, 지금도 남과 다를 바 없는 인간입니다.

방학 때마다 계절 학기를 수강하며 3년 만에 인문학부를 수석으로 졸업했습니다. 그러는 사이 방송을 같이 하던 동료들이나 친구들은 방학 때 한 번 정도 만났으니, 평범한 인간관계는 거의 단절되었었다고 봐야 할 것입니다. 학교에서 만난 교수님, 학우들과 새로운 인간관계를 형성했지만, 공부하면서 정보나 의견을 교환하는 정도였지요. 물론 공부하다 부딪히게 되는 온갖 고난을 함께 극복하면서 새로운 우정을 쌓기도 했습니다. 도움을 주기도 받기도 했습니다.

학부를 마치고 석사과정에 진학할 때 한 가지 고민이 있었습니다. 공부를 계속하려면 영어를 해야 할 것이라는 얘기들을 주위에서 적지 않게 했습니다. '아, 한국사를 공부하는 데 영어를 꼭 해야 돼?' 솔직히 생각만으로도 스트레스였습니다. 공부는 계속하고 싶고, 영어는 하기 싫고… 영어가 어렵기도 하지만, 영어 몰라도 잘살 수 있다는 것을 스스로 증명하고픈 마음도 있었습니다. 사실 영어를 못해도 얼마든지 잘살 수 있습니다. 그런데 공부를 하려면…?

어떻게든 되겠지 하는 심정으로 석사과정에 진학했고, 본디 관심사인 한글 문제를 주제로 잡고 공부를 계속했습니다. 자료를 보다 보니, 일본어가 필요했습니다. '일본어는 영어보다는 쉽지 않을까? 당장 필요하기도 하고…' 처음에는 영등포, 그 다음에는 일산, 끝으로 신촌에 있는 어학원에 다니면서 일본어를 공부했습니다. 시간은 많이 걸렸지만, 역시 학창시절에 애먹었던 영어보다는 한결 수월했습니다. 다행인 것은 모교는 외국어

시험 하나만 보면 졸업이 가능했던 것입니다. 어떤 학교는 외국어 능력 2가지를 요구하기도 합니다. 역사가 아니라 외국어 공부하다가 시간을 다 보낼 수도 있습니다.

〈이승만 정권 시기 한글간소화파동 연구〉로 석사학위를 받았고, 박사과정에 진학했습니다. 한글문제에 관한 선행연구 중 봐야 할 외국 자료는 대부분 일본어로 된 것이었고, 일부 영어가 있었으나, 그 자료에 대한 번역본이 이미 나와 있어, 큰 문제가 되지 않았습니다. 필요한 내용을 다시 확인하는 정도에서 영어자료를 검토하면서 논문을 작성할 수 있었고,《해방 후 조선어학회·한글학회 활동 연구(1945~1957)》라는 논문으로 박사학위를 받았습니다. 2007년에 박사과정을 시작해 2013년 2월 졸업할 때까지는 정말 피눈물 나는 시간의 연속이었습니다. 죽었다 되살아난 적도 있었지만, 시시콜콜 이야기하지 않겠습니다.

연예인에서 한국사를 공부하는 박사가 되기까지 영어 없이 가능했습니다. '영어 몰라도 잘살 수 있다는 것을 스스로 증명했다'면 좀 엉뚱한 얘기가 될까요? 여하간 이런 얘기를 다소 장황하게 늘어놓은 것은 제가 요즘 열중하고 있는 영어 공부가 이전에 제가 처했던 상황이나 그때의 생각 등과는 다른 차원에서 시작되었다는 점 때문입니다. "영어, 꼭 해야 돼?" 누군가 묻는다면 저는 이렇게 대답할 것입니다. "꼭 안 해도 돼. 얼마든지 잘살 수 있어. 그런데 해도 돼. 하면 좋은 것도 있어."

박사학위를 받고, 대학에서 강의를 하게 되었지만, 영어가 절대적으로 필요하지는 않았습니다. 교양이든 전공이든 학부과정에서 영어 원서를 읽을 필요도 없고, 한글문제에 관해 연구자로서 직접 봐야 할 영어자료는 그다지 많지 않았고, 일본어자료만으로도 감당하기 벅찰 정도였습니다. 하지만 그러던 어느 날, 문득 영어 공부를 해야겠다는 생각을 했습니다. 이건 정말 운명의 장난입니다. 왜 그런 생각이 들었을까요?

'외국인에게 한국사와 한국어를 교육할 때, 영어를 잘하면 도움이 되지 않을까? 게다가 요즘 대학생들은 영어를 잘하는데 명색이 교수가 영어를 모르면 좀 곤란하지 않을까? 영어를 하면 뭔가 할 수 있는 일이 있지 않을까? 뭔가 새로운 세상이 열리지 않을까?'

사람들한테 '참 신중하다'는 평을 많이 듣는데, 사실 저는 충동적이고 덤벙거리는 편입니다. 다만 티가 잘 안 나서 남들이 잘 느끼지 못할 뿐입니다.

'그래, 이제 영어도 해보자! 나이 오십인데 괜찮을까? 영어 공부하

는 데 나이는 아무런 상관없지. 몇 년 투자해서 영어를 잘하게 되어도 써먹을 일이 있을까?'

망설임이 없지 않았지만, 영어 공부를 시작했고, 어느덧 4년 8개월이 지났습니다. 영어는 역시 쉽지 않습니다. 시간이 많이 걸립니다. 아직도 영어가 유창하게 나오지 않습니다. 그래도 외국 여행을 갈 때, 예전과 같은 두려움은 없습니다. 외국인을 만나면 더듬더듬 얘기(대화)도 좀 합니다. 영어울렁증에서 벗어났습니다!

과거에는 길거리에서 외국인이 길을 물어오면 우선 당황했습니다. 한국인이 영어를 못한다고 해서 전혀 부끄러워 할 일이 아닌데도 왠지 부끄러운 마음도 들었습니다. 말이 안 되니, 몸으로 그의 목적지까지 안내하기도 했습니다. 그런데 상황이 달라졌습니다.

장면 1

최순실 국정농단 사건에 촛불민심이 분노하고 있던 어느 날, 광화문 가는 지하철 안에서 열심히 노선도를 들여다보며 고민스러워하는 외국인 부부를 만났습니다. 마침 바로 옆에 서 있었기에 목적지가 어디냐고 묻고, 광화문 다음 역에서 내리면 된다고 가르쳐주었습니다. 1974년 네 번이나 다운된 끝에 지옥의 사자라는 카라스키야를 링 위에 때려눕히고 울먹이는 목소리로 "엄마, 나 챔피언 먹었어!"를 외쳤던 홍수환 선수처럼 '해냈어. 스위스에서 온 외국인 부부에게 내가 영어로 길을 가르쳐주었어!'라고, 팔짝팔짝 뛰며 큰 소리로 떠들며 좋아할 일은 아니지만, 게다가 완벽한 영어도 아니었겠지만, 여하간 가르쳐주었습니다.

장면 2

가끔 페이스북에서 친구 신청을 하는 외국인이 있습니다. 예전 같으면 모른 척했겠지만, 친구 맺기도 하고, 짤막한 문장으로 생각을 전하면서 대화를 주고받습니다. 중학생 때 펜팔을 하면서 영어 편지 쓰기 책을 놓고 베꼈습니다. 베끼는 게 한계가 있어 그만두었는데, 앞으로는 부족한 영어로 인해 그만둘 일은 없을 것 같습니다.

장면 3

예전에는 외국 여행 갈 때, 여행사에 부탁하거나 해외여행 예약 사이트에 들어가 신청했습니다. 지금도 예약사이트를 많이 이용하지만, 때로는 직접 현지에 있는 호텔을 검색하면서 위치는 좋은지, 건물이 근사하게 생겼는지, 방이 좋은지, 수영장이 있는지, 식당은 어떤지, 투숙객들이 남긴 소감 등등을 읽으면서 마음에 드는 호텔을 예약하기도 합니다.

장면 4

지난 4월 반크의 박기태 단장님이 해외 사이트에서 '한글이 중국 글자를 모방한 것'이라는 글을 발견했는데, 한글이 발성기관의 모양에서 제자된 것이라고 주장할 수 있는 자료를 찾아달라고 부탁했습니다. 한글 자모가 어떻게 만들어졌는지는 국보 제70호《훈민정음》에 정확히 기록되어 있습니다. 하지만 외국인들을 설득하기 위해서라면 한글 자료만으로는 부족할 것 같아서 메릴랜드대학의 로버트 램지 교수가 쓴 '한국의 알파벳'(The Korean Alphabet)이란 글을 찾아서 보내주었습니다.

The [velar] ㄱ(k) depicts the root of the tongue blocking the throat. 엄소리(연구개음) ㄱ은 혀뿌리가 목구멍을 막는 모양을 본뜬 것이다.

과거였다면 한국어로 된 자료에서 훈민정음해례에 나온 설명만을 찾아서 보냈을 것입니다. 사실 그다지 놀랄 만한 장면도 아니지만, 분명 과거와는 달라졌습니다. 희열을 느낄 정도는 아니지만, 기쁘고 즐겁습니다. 영어로 인해 삶이 조금씩 달라지고 있다고 해도 엉뚱한 소리는 아닐 것입니다. 달라진다고 해서 무슨 좋은 일이 엄청나게 생기는 것은 아닙니다.

요즘 청년들은 취직 때문에 영어를 반드시 해야 하는 이상한 현실 때문에 고통받고 있지만, 5060이 새삼스럽게 영어를 꼭 해야 하는 것도 아닙니다. 하지만 날마다 똑같은 생활(삶)을 반복하는 것보다는 재미있지 않을까요? 작은 웅덩이에 고인 물보다는 청춘의 고동처럼 씩씩한 소리를 내며 활기차게 흐르는 시냇물처럼 사는 게 더 신나지 않을까요?

영포세대의
비애

우리나라 5060은 대부분 중학교 때 영어 공부를 시작했습니다.
처음 배우는 외국어가 신기하고 재미있기도 했지만 얼마 못 가
대부분 쓰러졌습니다. I am a boy나 You are a girl이야 기본이고,
How old are you? What can I do? I love Youngsuk. Would you
like a cup of coffee? 정도는 어렵지 않게 기억합니다. 그러나 그
이상 뭐가 있을까요?

1989년 1월 1일 해외여행이 자유화되기 이전에는 국내에
서 외국인을 만날 기회도 별로 없었고, 어쩌다가 우연히 만났다
해도 슬그머니 피했습니다. 사실 영어울렁증 때문에 영어가 나
오지 않았습니다. 공부 잘하던 애들은 긴 문장도 척척 해석했지
만, 말하는 걸 들어본 기억은 별로 없습니다.

Hello, I'm a boy. I, I, I... 안녕하세요? 저는 소년입니다. 저는, 저는, 저는…

'그래, 너는 소년인데, 그래서 뭐?' 더 이상 할 수 있는 말이 없었기에 영어에 관한 한 '만년 소년'일 수밖에 없었던 5060은 아주 오랫동안 꿀 먹은 벙어리처럼 살아왔습니다. 게다가 과거에는 영어선생님들도 현지에서 공부한 분이 거의 없어서 발음이 어설펐다는 사실은 당시로서는 아주 귀했던 영어 회화 테이프를 들어보면 금방 알 수 있습니다.

Would you like a coffee? 우드 유 라이크 어 커피?

친절하게 영문 아래 한글로 발음을 써주신 선생님께 "선생님, 우드유라이크어커피'가 뭐예요? '우주라이커커휘' 아니에요?" 하고 물었다가 꿀밤도 수차례 맞았습니다. 이렇듯 선생님에 대한 도발을 불사하기도 했지만, 영어는 어려웠습니다.

특히 입시 위주의 영어는 단어 암기, 까다로운 문법 분석, 다섯 줄 이상 길게 이어지는 장문의 해석 등등 고난의 행군 그 자체였고, 많은 이들이 대열에서 이탈했습니다. 대학 입시에는 국어, 수학과 함께 가장 비중이 높았던 영어 점수가 절대적으로 필요했지만, 당시 영어 공부는 즐거움이 아니고 고통이었습니다.

이런 상황은 5060을 서서히 옥죄며 쥐도 새도 모르는 사이에 영포세대로 몰아갔습니다. 게다가 지금과 달리 반드시 영어를 해야 취직을 할 수 있는 것도 아니어서 쉽사리 포기할 수도 있었습니다. 일본의 사회학자 야쿠시인 히토시(藥師院仁志)는 일본인들이 영어를 잘 못하는 이유를 이렇게 분석했습니다.

"일본의 인구는 명치 말에 이미 5,000만을 넘었고, 1948(소화23)년에는 약 8,000만이 되고, 1967(소화42)년에는 마침내 1억에 달했다. 일국 내에서 하나의 언어를 공유하는 사람이 이만큼 있으면 그만큼 외국어에 의존하지 않아도 살아갈 수 있다. 현재 기초교육만 충실하게 시키면 일본어를 말하는 노동력으로 대체적인 것은 충당하고, 일본어를 말하는 인간의 수만큼 충분한 소비시장을 형성해 온 것이다. 이렇게 되면 영어가 확대될 필연성은 없다. 그것은 오히려 행복한 것이다."

– 야쿠시인 히토시,《영어를 배우면 바보 된다(英語をまなべばバカになる)》

1967년 대한민국 인구는 3,000만 명 정도였고, 현재도 일본에 미치지 못하지만, 5060이 젊었을 때는 야쿠시인 히토시가 지적하는 것처럼 하나의 언어, 즉 한국어로 뭐든지 할 수 있었기 때문에 힘들게 영어라는 고통의 바다에 뛰어들지 않을 수 있었던 것입니다. "그것은 오히려 행복한 것이다"라는 야쿠시인 히토시의 지적처럼 대한민국의 5060도 영어 못해도 아주 행복하게 잘 살았습니다.

우크라가
뭐예요?

최근 지하철에 이런 영어 학원 광고가 붙었습니다. '하이 제인'
을 '하이 자네'라고 읽었다면 당신은 왕초보이니, 학원에 와서
공부하라는 겁니다.

문득 5060이 청춘시절에 들고 다니던 티메지(Time지)가 생
각났습니다. 요즘 청년들은 영어 곧잘 하는 걸로 알고 있었는데,
진실은 그게 아닌가? 여하간 이 학원에 가서 공부하면 올바른
발음이 '하이 제인'이라는 것 정도는 가르쳐준다니 정말이지 눈
물 나도록 고마운 일입니다.

5060에게는 티메지 외에도 영어에 얽힌 추억이 많습니다.
과거에도 서울역사 정면에는 한글로 '서울역'뿐만 아니라 영어
로도 'SEOUL STATION'이라고 적혀 있었는데, 어마어마하게

크게 적힌 영어 글씨를 올려다보면서 한 5060이 말했습니다.

"야, 여기가 서울스타티온이야!"

1995년에 세 명의 남성으로 구성된 가수 터보(Turbo)가 데뷔했습니다. 당시 라디오 프로그램을 진행하고 있던 나는 Turbo를 털보라고 읽을 수도 있었지만, 피디가 터보라고 친절하게 알려주었기 때문에 그런 실수는 하지 않았습니다. 터보는 큰 사랑을 받았고, 2000년에는 Cyber Lover라는 노래를 발표했는데, 어느 디제이가 이렇게 소개했습니다.

"아, 터보가 신곡을 냈네요."

가수로서 선배였던 그 디제이가 아주 반갑게 신보를 소개하는 것까지는 좋았는데, 문제는 다음이었습니다.

"타이틀곡 제목이 말이죠. 씨벌 러버네요."

이런 사건도 있었습니다. 5060이 젊었을 때는 UCLA 셔츠가 인기였습니다. 요즘과 달리 그 대학에서 공부한 사람은 아주

Hi, Jane!
하이, 자네!

드물었고, 한 번 방문이라도 한 사람도 많지 않은 때였지만, 너나없이 남대문시장에서 대량으로 팔던 UCLA 셔츠를 입고 다녔습니다. 대부분 '유시엘에이'라고 읽는데, '우크라'라고 읽은 분이 있었습니다.

　털보의 씨벌 러버와 우크라는 좀 다른 차원의 이야기이기는 하지만, 이건 얼마든지 '털보', '씨벌 러버' 또는 '우크라'라고 읽을 수 있습니다. 글자가 곧 발음 기호인 한글과 달리 영어의 발음은 겉으로 드러나 있는 철자가 아닌 발음기호 뒤에 숨어 있기 때문입니다. 'Ski. 이거 스키야, 스카이야??' 남몰래 고민한 적 많았지요?

　5060은 정식(?) 영어뿐만 아니라 외국어인지 외래어인지 경계가 모호한 영어 때문에도 무척 스트레스를 받았습니다. '애가 아주 스마트하고 핸섬하네요.' 정도야 뭔 소리인지 쉽사리 알아들을 수 있었지만, '참 인텔리전트하군.' 정도가 되면 무슨 뜻인지 알 수 없어 눈을 껌뻑거렸습니다.

물론 5060에겐 영어를 가지고 말장난을 치던 청춘 시절에 대한 기억도 있을 겁니다. 요즘에는 아재개그라고 하기도 합니다만 간단한 한마디로 웃음을 자아내며 낄낄거리기도 했습니다.

"쟤만 끼면 스팀 아웃이라니까, 으이그 저 스톤 헤드!"

고기로 하실래요,
생선으로 하실래요?

1989년 해외여행이 자유화되었습니다. 문제는 영어였습니다. 호텔이나 식당에서 영어만 좀 되면 어찌해 볼 수 있었을 텐데, 안타깝게도 온몸을 다 동원해야 했습니다. 식당에 가서 자리를 잡을 때는 입구에서 웨이터 얼굴만 멀뚱멀뚱 쳐다보았고, 주문은 손가락으로 해결했습니다.

이소룡이 주연한 영화 '맹룡과강'에도 이런 장면이 나옵니다. 로마에서 식당을 운영하고 있던 진청화는 자신의 가게를 뺏으려는 갱단으로부터 위협을 받고 있었습니다. 그녀가 홍콩의 삼촌에게 도움을 청하자, 쿵푸에 능한 청년 당룡(이소룡)을 수호천사로 급파했습니다.

당룡은 장시간 비행으로 허기진 배를 달래기 위해 식당에 들어갔지만, 메뉴를 읽을 수 없었습니다. 구석구석을 살피던 이소룡은 결심한 듯 손가락을 썼습니다. 의아해하는 웨이터의 표정은 뭔가 잘못됐다는 것을 암시했지만, 그도 관객들도 이후에 벌어질 엄청난 상황을 미처 예상하지 못했습니다. 잠시 후 나온 음식은 온갖 종류의 스프였고, 관객들은 박장대소했습니다.

저는 하와이에서 샌드위치를 주문하다 곤욕을 치른 적이 있습니다. 샌드위치라는 게 간단한 것 같지만 실상은 그렇지 않습니다. 줄을 서서 차례를 기다리는 동안 메뉴판을 자세히 들여다봤습니다. 제일 만만한 햄애그샌드위치를 마음에 찍고, 차례가 되어 주문을 했습니다. '햄애그샌드위치 원 플리즈'. 문제는 그 다음이었습니다. 여직원이 뭔가 물어보는데 한 마디도 알아들을 수 없었습니다.

돌이켜 생각해보면 빵의 크기와 빵 사이에 들어갈 채소와 소스 같은 것들에 대해 물었음에 틀림없습니다. 한국에 들어와 있는 서브웨이에서 샌드위치를 주문한 적이 있는 분들은 이게 무슨 얘기인지 금방 이해할 것입니다. '빵은 어떤 걸로 하실 건가요? 소스는요? 채소는 다 넣을까요? 음료는 어떻게 하실래요?' 샌드위치 하나 먹는데 뭐가 그리 복잡한지….

5060이라면 기억하는 유명한 우스갯소리가 있습니다. 외국의 레스토랑에서 5060인 한 사람이 종업원에게 파인애플주스를 달라고 했는데, 종업원이 가져다 준 것은 '파인애플주스'가 아니고 '좋은 사과주스'였답니다. 어찌하여 이런 일이 벌어졌을까요? 문제는 5060의 발음이었습니다. 그는 p와 f를 구분하지 않았습니다. 혹은 p와 f의 소리가 다르다는 것을 전혀 생각하지 않았을 수도 있습니다.

pineapple[|paɪnæpl]
fine apple [faɪnæpl]

p는 한글 ㅍ에 가깝고, f는 한글 ㅎ에 가까우니, 위는 '파인애플', 아래는 '화인애플'입니다. 학창시절에 이 얘기를 하면서 키득거렸던 기억이 새로울 것입니다. 누가 이런 얘기를 만들었는지는 알 수 없지만, 그의 의도가 무엇이었는지는 알 것 같습니다.

'p와 f는 소리가 다르다, 그러니 구분해서 소리를 내라!'

1990년대 초반 어느 회사에서 단체 여행을 떠났습니다. 비용을 아끼려고 했는지 외국 비행기를 탔답니다. 사실 비행기 안에서 승무원들하고 얘기할 일은 별로 없습니다. 외국인 승무원에게 말을 걸고 싶지 않으면 아무것도 바라지 말고 가만히 있으면 되지요. 하지만 밥은 먹어야겠죠? 비즈니스나 퍼스트 클래스가 아니면 지금도 기내식은 간단하지요. 생선 아니면 고기 둘 중에 하나를 고르면 됩니다. 승무원이 친절하게 물었습니다.

승무원 : 고기하고 생선이 있는데 어떤 것으로 하시겠습니까?

당연히 영어로 물어봅니다. "Which would you like, beef or fish?" 정도였을 것입니다. 중요한 단어는 고기를 뜻하는 beef와 생선을 뜻하는 fish이므로 웃으면서 '비프 플리즈' 혹은 '휘시 플리즈'라고 하면 됩니다. 그런데 한 신입사원이 좀 많이 나갔습니다. 그는 만면에 미소를 머금고 여유있게 말했습니다.

"안심스테이크 플리즈."

영어울렁증은
어떤 병이기에

도대체 영어울렁증은 왜 생기는 걸까요? 영어울렁증이 5060에게는 꽤 치명적인 병(?)인데도 이 병의 정체나 원인을 분석한 글을 아직 보지 못했습니다. 누군가 한번 진단해주면 참 좋겠는데 말입니다. 영어 울렁증을 제 나름대로 이렇게 정의해봅니다.

영어 울렁증 : 피부색이 하얗고 머리칼이 노랗거나 붉고 파란 눈을 가진 외국인을 만났을 때, 가슴이 두근거리고 맥박이 빨라지면서 정체 모를 공포에 사로잡혀 정신이 혼미해지는 증상으로 영어 공부를 많이 했건 적게 했건 상관없이 남녀노소 누구에게나 발생할 수 있다.

Hello, Good evening, How are you와 같은 쉬운 표현도 생각 나지 않거나 더듬게 되고, 경우에 따라서는 하늘이 노랗게 보이는 환시를 경험하기도 하며, 심하면 만성 외국인 기피증으로 발전하기도 한다.

영어울렁증을 유발하는 원인 첫 번째는 파란 눈의 외국인, 두 번째는 자신감을 상실한 자기 자신, 세 번째는 스포트라이트 같은 주위의 시선, 네 번째는 실패할 것을 뻔히 알면서도 정확한 영어를 구사하겠다는 강박증 등을 꼽을 수 있다.

선배와 함께 하와이에 갔습니다. 그때는 차에 내비게이션이 없어서 지도와 교통표지판을 보며 운전을 했는데 STOP, Go Slow, Sound horn, 23rd Avenue, 7th Street, School Zone, One-way, Dead end, REDUCE SPEED, Speed Limit 30, Cross walk, No passing, No U-turn, No thoroughfare, Parking Area, Do Not Enter, ROAD CONSTRUCTION, No Camping 등등 온갖 영어 표지 때문에 눈이 아팠습니다. 바닷가 공원 쪽으로 가던 중 선배가 다급하게 물었습니다.

"야, 노 챔핑이 뭐냐?"
"노 챔핑이요? 어디요?"

"저기 오른쪽에….'"

"저거요? 어, 저거, 저게 노 챔핑이 아니고, No Camping인데요."

"뭐? 챔핑이 아니고 Camping이야?"

긴장한 채 운전하다 보니, Camping이 Champing으로 보였던 것입니다. 이런 것도 영어울렁증의 한 증상이 아니었을까요? 그런데 미국이 아닌 한국에도 영어로 된 표지판이 많습니다. 불과 10여 년 전 혜화동 로터리에 Yeild가 있었습니다. 무슨 뜻인지 알려고 하지도 않고 지나쳤습니다. 그게 '양보'를 뜻한다는 것은 한참 후에 알았습니다. 요즘은 나들목, 분기점이라고 표기하지만 IC, JCT를 비롯해서 DETOUR AHEAD(전방에서 우회), RAMP(경사로, 고속도로 진입로) 같은 영어 표지를 한국의 도로에서 만나니 어리둥절할 수밖에요.

Smoke Free라고 적힌 곳에서 태연스럽게 담배를 피우는 것은 free에 대한 오해 때문이겠지요? free는 자유를 뜻하므로, Smoke Free는 '관세로부터 자유로운'을 뜻하는 Duty Free와 마찬가지로 '담배 연기로부터 자유롭다'는 뜻이므로 Smoke Free는 No Smoking입니다. 한국 땅에서 그냥 '금연'이라고 하면 될 것을 왜 Smoke Free라고 썼을까요?

요즘은 세계화, 다문화적인 시대니까 영어 좀 쓰는 것이 바람직한 방향이라거나 편리하다고 생각하는 이들도 있겠지만, 우리나라 사람들의 영어 숭배(?)는 정도가 지나칩니다. 우리말로 해도 될 것을, 혹은 당연히 우리말로 해야 할 것을 알쏭달쏭한 영어로 씁니다. The soul of Seoul이나 I SEOUL YOU나 비슷해 보이는데 꼭 영어를 써야 좋은 정책처럼 보이는 걸까요? 진짜 영어든 유사영어든 콩글리시든 5060에게는 사회 곳곳에 퍼져 있는 영어가 스트레스입니다.

왜 우리는 영어 앞에만 서면 한없이 작아지는 걸까요? 어떤 질병이든 원인을 알면 치료법도 찾을 수 있습니다. 자, 그럼 지금부터 5060의 영어 울렁증을 치료하는 방법, 영어 울렁증을 극복하는 방법, 영어 울렁증에서 벗어나는 방법에 대해 함께 궁리해봅시다.

영어 공부하기
딱 좋은 나이

5060은 왜 영어에 약할까요? 문법 위주로 공부했기 때문이라는 말은 사실일까요? 사실 긴 문장을 곧잘 해석하면서도 말을 못하는 사람들이 있습니다. 그런 사람들은 변명 같지만 아마도 이렇게 말할 겁니다. "문법 위주, 해석 위주로 공부하다 보니, 말을 못하겠어." 영어로 논문을 쓰는 대학교수 가운데에도 말을 못하는 분이 있습니다. 참으로 믿기 어려운 일이지만 거짓말은 아닙니다.

그러나 대부분은 저와 비슷한 행보를 걸었을 것입니다. 중학교 때는 그럭저럭 쫓아갔는데, 고등학교 때부터 영어는 가까이 하기엔 너무 먼 당신이 되었습니다. 《성문기본영어》는 어찌 해볼 수 있었는데, 《성문종합영어》로 올라가니 모르는 단어와 숙어에, 해석 불가능한 긴 문장들이 많았습니다. 그래서 어쨌냐고요? '영어는 정말 이상해.'라고 투덜거리며 대입에서 영어를 과감히 포기했습니다.

영어는 한국어랑 어순이 다릅니다. 한국어에는 없는 전치사가 있고, 같은 전치사라 해도 문장에 따라 다르게 해석됩니다. that, which, when 등의 접속사가 있는데, 이 접속사들을 이해해야 문장을 잘 해석할 수 있습니다. 특히 이런 접속사들의 역할이 우리말에는 없는 것들이라 이해가 쉽지 않습니다. 모르는 단어야 사전을 찾아보면 뜻을 알 수 있지만, 문장 안에 모르는 단어가 없는데도 해석이 안 될 때는 정말 환장할 노릇이었습니다.

Her crab omelets are of such good quality that the international dining guide Michelin awarded her a Michelin Star.

영어 공부를 시작하고 4년 반에 접어드니, breakingnews-english.com에서 제공하는 기사에 나온 위 문장이 "그녀의 크랩 오믈렛은 국제적인 음식 잡지인 미쉘린에서 그녀를 미쉘린 스타로 뽑을 정도로 훌륭하다."라는 것을 얼추 파악하게 되었지만, 영포세대로 쭉 살던 때에는 모른 척 눈길도 주지 않았습니다.

그러나 세상은 달라졌고 5060은 변해야 합니다. 물론 지금까지 그랬던 것처럼 슬슬 피하며 살아갈 수도 있습니다. 하지만 해외여행을 갈 때 부딪히는 영어, 생활 현장 곳곳에 침투해 들어오는 영어와 이제는 한번 제대로 붙어봐야 하지 않을까요?

영어를 못해도 외국 식당에서 식사할 수 있습니다. 영어로만 된 메뉴판을 보더라도 큰 문제없이 대응할 수 있습니다. 한국에도 서양 음식을 파는 식당이 많아서 그들의 음식 문화가 낯설지 않은 덕입니다. 쇼핑을 하는 것도 '하우 머치' 한마디로 해결할 수 있습니다. "Do you have a smaller one?"이라고 묻지 않아도 옷을 몸에 대 보이며 눈을 깜박거리면 직원이 눈치껏 적당한 크기의 옷을 내올 것입니다. 그리고 끝으로 '디스카운트 플리즈'라고 하면 서로 계산기를 찍어가면서 흥정할 수 있습니다.

하지만 여기까지입니다. 이 이상의 영어는 힘듭니다. 유창하게 네이티브와 겨루라는 이야기가 아닙니다. 공항이나 관광지에 걸려 있는 안내판이라도 읽으려면 공부가 필요합니다. 속내를 나눌 정도가 아니라도 외국인 친구와 이야기를 나누려면 영어 공부는 필요합니다.

물론 안 한다고 누가 나무라겠습니까. 혹시 '이 나이에 할수 있을까?' '어느 세월에 하지?'와 같은 현실적인 고민도 이해할 수 있지만, 이제 뭐 바쁘게 살아야 했던 젊은 날도 다 지나가고, 예전보다는 시간적 여유가 더 있지 않나요?

게다가 공부할 의지도 있고 공부하면 행복해질 것 같다고 생각한다면, 남은 일은 시작하는 것입니다. 그러나 중고 6년, 대학 4년을 해도 되지 않았던 영어이니만큼 꽤나 시간이 걸릴 거라는 점은 미리 각오해야 합니다. 하루에 10분, 100문장만 외우면, 500문장 암기로 영어 정복할 수 있다는 얘기는 일단 믿지 마세요. 그런 선전은 수강생 숫자 늘리려는 돈벌이 속셈에 지나지 않는 경우가 태반이니까요.

《공부가 가장 쉬웠어요》라는 책이 있었는데, 정말 그럴까요? 공부가 가장 어렵다고 하는 분들이 훨씬 많을걸요. 하지만 대학에 비싼 등록금을 더 이상 내지 않아도 되는 5060에게 저는 '공부가 가장 돈이 안 든다.'고 말하고 싶습니다. 어떤 날은 하루 종일 집에서 책을 읽습니다. 돈 쓸 일이 없지요. 물론 책을 사야 하지만, 새 책이 부담스러우면 헌 책을 구할 수도 있고, 동네 도서관이나 국회도서관에서 공짜로 빌려볼 수도 있습니다.

게다가 공부는 즐겁습니다. 때때로 배우고 익히면 이 또한 즐겁지 아니한가! 공자님 말씀은 틀리지 않았습니다. 때로는 천근만근 내려앉는 눈꺼풀을 억지로 치켜뜨며 책을 읽기도 하지만 하루 종일 책에 빠져 지내는 건 그 어떤 즐거움 못지않은 일입니다. 간혹 공부해서 뭐 하니 하는 분들이 있는데, 공부를 해서 무엇을 할까, 혹은 무엇을 할 수 있을까도 생각해야겠지만, 공부 자체가 목적이고, 삶의 즐거움이자 행복일 수 있지 않을 까요?

굳이 영어를
공부해야 하나?

정년을 한 5060은 여러 가지 생각이 많습니다. 다시 취업을 할 것인가, 아니면 창업을 할 것인가? 쉽지 않은 선택입니다. 일단 쉬고 보자는 5060도 많고 여행이나 좀 다녀야겠다는 이들도 많습니다. '열심히 일한 당신 떠나라!' 사실 5060은 충분히 떠날 자격이 있습니다.

이 나이에 공부를 해야 돼?

해볼까, 어떡할까, 망설이는 지금이 시작하기에 가장 좋은 때입니다. 일선에서 은퇴했다면 시간은 많습니다. 과거에는 영어 공부를 할 수 있는 여건도 그다지 좋지 않았습니다. 종로에 많았던 입시학원의 영어단과반 정도가 최상의 선택지였고, 귀한 영어 회화 테이프를 힘들게 구해 듣거나 친구한테 빌려 들었습니다.

지금 저는 5년째 영어 공부를 하고 있습니다. 아직 이렇다 하게 내세울 성취는 없습니다. 영어는 더 많은 시간이 걸릴 것이라 예상했습니다. 입 여는 데 최소 3년 걸린다는 얘기들을 많이 합니다. 괌에 사는 어떤 교민은 3년 만에 입이 터졌다고도 했지만, 남편 따라 미국 가서 3년을 살다 온 40대 아주머니는 영어가 한 마디도 늘지 않았고, 9년째 로스앤젤레스에 살고 있는 후배는 지금도 영어를 못합니다. 본토에서 산다고 해서 입에서 저절로 영어가 나오지는 않는다고 합니다.

그러면 이렇게 어려운 영어를 굳이 해야 할까요? 최소 3년이 걸린다면, 3년 동안 죽도록 노력해서 과연 그만한 대가를 얻을 수 있을까요? 영어를 할 수 있다 해도 과연 할 수 있는 게 있을까요? 솔직히 무엇을 얻을 수 있을지, 무엇을 할 수 있을지 시원하게 대답하기 어렵습니다. 하지만 무언가 있지 않을까요?

제가 난생 처음 진지하게 부닥친 외국어는 일본어였습니다. 박사논문을 작성하기 위해 어쩔 수 없이(?) 배워야 했습니다. 2002년 영등포에 있는 G학원 새벽반에 등록했습니다. 매일 오전 9시부터 10시 30분까지 기독교방송에서 〈정재환의 행복을 찾습니다〉를 진행하고 있었기 때문에 학원 끝나고 시간 맞추기가 좋았습니다.

수업은 6시 50분부터 7시 40분까지였습니다. 일본어는 영어에 비해 접근하기가 쉽다고 하지만 그래도 외국어입니다. 히라가나와 가타카나를 떼는 데만도 상당한 시간이 걸렸습니다. 방송을 하는 동안에는 결석하지 않았습니다. 덕분에 라디오를 그만둘 때까지 어느 정도 기초를 끝낼 수 있었습니다.

서울로 이사하면서 신촌에 있는 P학원에 나갔습니다. 주에 3일이었지만, 바쁠 때는 빠질 수밖에 없었습니다. 그래도 끈기 있게 나가 2009년 여름 일본어 능력시험 1급을 땄고, 프리토킹반으로 올라갔습니다. 신기한 것은 그때 비로소 '아, 일본어 이제 시작이구나!' 하는 생각이 들었다는 것입니다.

일본어야 어린 학생이나 나이 든 늙은이나 처음 배운다는 점에서 처지가 비슷해서인지 교실에서 좀 부끄러운 상황이 펼쳐져도 쥐구멍에 들어가고 싶은 정도는 아니었습니다. 일본어가 나오지 않아 더듬거리거나 아주 먹통이 되어 얼굴이 빨개지고, 때때로 나보다 일본어를 훨씬 잘하는 딸 또래 여학생하고 대화하면서 바보가 된 적이 한두 번이 아니었지만 말입니다.

여학생 : 정 상은 한국 교육의 문제점이 무엇이라고 생각합니까?

나(바보) : 입시 위주의 교육, 주입식 교육, 점점 늘어가는 사교육
비, 치맛바람, 위장전입 등등 한두 가지가 아니라고 생
각합니다.

한국어라면 이렇게 대답해도 되지 않을까요? 문제는 일본
어로 물어보고 일본어로 대답해야 한다는 점이었습니다.

여학생 : ジョンさんは韓国の教育の問題は何だと思いますか。
나(바보) : あの、えと、だから、私の考えには、えと、だから (그저,
에, 그러니까, 내 생각에는, 그러니까)
여학생 : だから何ですか。(그러니까 무엇입니까?)
나(바보) : だから。。。(그러니까...)

쪽팔려서 그만둘까 하는 생각도 숱하게 들었지만, 일본어
능력시험 1급을 딸 때까지는 온갖 수모를 참고 견디며 포기하
지 않았습니다. 공자님 말씀 중 정말 좋아하는 '불치하문(不恥下
問)'이 있습니다.

子貢問曰 "孔文子, 何以謂之文也?" 子曰 "敏而好學, 不恥下問, 是
以謂之文也."

자공문왈 "공문자, 하이위지문야?" 자왈 "민이호학, 불치하문, 시이위지문야."

자공이 물었다. "공문자를 왜 문(文)이라 일컫습니까?" 공자께서 말씀하셨다. "명민하고 배우기를 좋아하며, 아랫사람에게 묻는 일을 부끄러워하지 않았다. 그런 까닭에 문이라고 한 것이다."

– 《손 안의 고전 : 논어》

모르는 게 많은 만학도에게 용기를 주는 말입니다. 누구에게라도 질문을 할 수 있는 용기 말입니다. 아랫사람에게 묻기란 쉽지 않은 일입니다. 나이 먹고 그런 것도 모르나? 뒤돌아서 그렇게 말할지도 모른다는 불안감이 엄습합니다. 그야말로 지적인 이미지에 금이 쫙 가고 체면이 확 깎이지 않을지 걱정입니다. 공자께서도 그 어려움을 잘 알기에 공문자를 통해 역설했을 것입니다. '불치하문'은 5060에게 분명 힘을 주는 말입니다. 사실 20대 초 논어를 처음 읽었을 때는 큰 깨달음이 없었습니다. 30대에 논어를 다시 손에 들었을 때 가슴 속 깊이 와 닿는 것이 있었습니다. 100분의 1이라도 닮고 싶어서, 그날로 공자를 내 마음 속 스승으로 모셨습니다.

2010년 벳푸에 갔습니다. 바닷가를 산책하다 일본인 남성을 만났는데, '날씨가 좋네요.' 하면서 먼저 말을 걸어왔습니다.

'네, 그렇지요.'라고 대답하면서 그와 대화를 시작했습니다. 여행객이냐고 묻기에 그렇다고 했더니, 어디에서 왔느냐고 물어 한국에서 왔다고 했습니다. "그럼, 한국인입니까?" 엄청 놀라는 표정을 지었습니다.

일본인들은 사소한 일에도 크게 감동합니다. 조금만 맛있어도 '에에~!' 하고 목소리를 높이며 자신의 감정을 표현합니다. "ええ、本当ですか、すごいですね。(에에, 정말이에요? 굉장하네요.)"

그 남성도 그랬습니다. 일본에서 살았느냐, 어디서 일본어를 배웠느냐, 제게 궁금한 것이 많은 모양이었습니다. 20분쯤 묻는 말에 대답했더니 "ええ、本当ですか、すごいですね。"를 연발했습니다. 그때 기분은 굳이 말하지 않아도 알 것입니다. 조금은 과장된 것이라도 현지인에게 듣는 칭찬은 그 어떤 상보다 값지고 자랑할 만하지 않나요? 일본어를 공부한 뒤에 얻는 기쁨은 생활 곳곳에서 반가운 꽃처럼 피어올랐습니다. 박사논문을 작성할 때는 일본 학자들이 쓴 책과 논문을 참고할 수 있었고, 지인들이 일본인 친구와의 만남을 주선해주는 일도 늘었습니다.

2013년 봄 아오야마대학의 송연옥 교수 요청으로 특강을 할 기회가 있었습니다. 일본어로 한글운동에 대해 얘기할 수 있을까? 아, 일본인들 앞에서 강의라니…! 걱정이 됐지만, 정 안 되면 송 교수께 도움을 청할 작정으로 강의를 시작했습니다. 200명쯤 되는 학생들 중에는 한국 유학생들도 있었습니다. 70분 정도 준비한 얘기를 최대한 표현 가능한 수준으로 전달했습니다. 긴장해서 어떻게 그날 강연을 끝냈는지 기억나지 않지만 한국 유학생에게 들었던 소감은 두고두고 곱씹게 됩니다.

"선생님, 일본어를 그렇게 잘 하실 줄 몰랐어요. 송 교수님이 통역하실 거라 생각했는데…."

지난 4년 동안 영어에 집중한다는 각오로 일본어는 거의 공부하지 않았습니다. 그랬더니 어럽쇼! 많이 까먹었습니다. 그로 인해 2016년 츠시마와 나카사키, 후쿠오카, 카고시마, 미야자키를 답사할 때 진땀을 흘렸습니다. 요즘은 네이버와 G학원에서 이메일로 날아오는 생활회화, 뉴스 정도를 보며 잃어버린 일본어를 되찾으려고 애쓰고 있습니다.

지난 4년 반 동안 영어 공부에 투자한 시간을 일본어에 투자했다면, 동시통역까지는 무리겠지만 통번역은 가능할지도 모릅니다. 그만큼 영어에 많은 시간을 할애했다는 얘기입니다. 영어울렁증은 사라졌지만 저의 영어 학습은 아직도 현재진행형입니다. 이상하게 영어는 일본어에 비해 실력이 쑥쑥 늘지 않습니다. 그래서 더 어렵고 힘들고 시간이 더 걸립니다.

그래도 영어 공부를 시작한 이후 이전에는 접하지 못했던 새로운 것들을 경험하고 있습니다. 아직도 배를 타고 망망대해로 나갔던《15소년 표류기》의 주인공이 된 느낌이지만, 50년 동안 몰랐던 신세계가 눈앞에 펼쳐지는 것 같아 가슴이 두근거립니다. 진도는 더뎌도 단어 하나, 표현 하나를 내 머릿속 단어장에 추가할 때마다 기쁘고 즐겁습니다. 힘들어도 재미있으니 계속할 수 있습니다.

"굳이 영어를 공부해야 하나?" 자주 받는 질문입니다. 반드시 영어를 공부해야 하는 것은 아니지만, 하면 좋은 점이 있지 않을까요? 일본어를 구사하게 되면서 경험했던 많은 것들은 기쁨이었습니다. 가장 큰 성취는 한글 문제에 관한 일본어 자료를 검토할 수 있었다는 점입니다. 일본어 하나 때문에 박사논문을 작성하고 학위를 받은 것은 아니지만, 일본 학자들의 선행 연구를 읽고 확인할 수 없었다면, 논문을 작성하기 어려웠거나 커다란 구멍이 뚫렸을 것입니다.

1990년대 초 일본에 처음 갔을 때, 제가 아는 일본어는 스미마셍, 아리가토 고자이마스 정도였습니다. 길을 묻는 것도 불가능했고, 음식 주문도 손가락으로 했습니다. 언제부턴가 큰 언어 장애 없이 일본을 여행할 수 있게 되었고, 쇼핑도 할 수 있었으며, 박물관에 가서 해설사에게 질문도 할 수 있었고, 거리에서 만난 일본인들과 대화도 할 수 있었습니다. 무엇이든 새로운 경험이었고, 이 모든 것이 일본어 구사 능력이 제게 준 선물이었습니다.

저는 지금 영어가 내게 줄 선물을 은근히 기대하고 있는지도 모릅니다. 미국이나 호주로 해외여행을 간다면 더는 꿀 먹은 벙어리가 되지 않을 것입니다. 호텔에서 에어컨이 고장 나면 전화해서 '악' 하고 외마디 비명을 지르는 대신 방이 덥다고 얘기도 하고, 배가 고프면 전화로 룸서비스를 신청할 수도 있습니다. 폼나게 멋진 카페에 들어가 진한 에스프레소를 시킬 수도 있겠지요. 더 나아가 가이드 뒤만 졸졸 따라다니지 않을 수 있으니 가고 싶은 곳을 가고 싶은 때에 가는 기쁨이 크지 않을까요? 어쩌면 어릴 적 품었던 세계 일주의 꿈도 이룰 수 있지 않을까요?

광화문 광장에서 인사동 가는 길을 묻는 외국인에게 영어로 안내할 수 있다면 이 또한 소소한 기쁨일 것이고, 광장에 앉아 계신 분이 한글을 창제한 세종대왕이라고 자랑스럽게 설명할 것이며, 임진왜란 때 일본을 격퇴한 이순신 장군이 네거리 앞에 큰 칼 옆에 차고 서 있다는 얘기를 하면서 한국과 일본의 오랜 인연의 역사를 들려줄 것입니다. 그래서 60을 바라보는 저는 여전히 꿈꾸는 늙은 소년입니다!

5060이 영어를 공부하면 누릴 수 있는 것들이 많습니다. 앞에서 쭉 열거한 작은 소망의 목록을 실행할 수 있다면 그야말로 소확행이 될 것입니다. 또 온라인에서 영문으로 작성된 기사를 읽거나, 생활에 유용한 온갖 정보를 얻을 수 있을 것이고, 글로벌 시대의 주인공인 젊은이들과도 막힘없이 소통하고, 시대 감각에 뒤처지지 않을 것입니다. 영어 잘하는 할아버지·할머니가 되어 손주들에게 영어를 가르쳐줄 수도 있을 것이며, 만일 고수가 된다면 경복궁에서 해설도 할 수 있을 것이며, 영어를 필요로 하는 곳에 재취업도 가능할 것입니다. 여하간 이전과는 뭔가 다른 세상을 만나게 될 것입니다.

What a wonderful world!

미국의 트럼프 대통령은 트위터를 잘 이용합니다. 그의 정치를 트위터 정치라고도 하는데, 지난 5월 10일에는 북미회담 장소가 싱가포르로 결정되었다면서 다음과 같이 언급했습니다. "We will both try to make it a very special moment for World Peace! (우리 두 사람은 그것을 세계 평화를 위한 매우 특별한 순간으로 만들기 위해 노력할 것입니다!)" 흥미로운 것은 미국의 투자 전문지 Investorplace가 "트럼프가 트위터를 살려냈다."고 평했을 정도로 엄청난 수의 세계인들이 그와 트위터로 소통하고 있다는 점입니다. 그가 트윗한 것을 직접 읽을 수 있다면 그의 생각이나 결정도 언론보다 빨리 파악할 수 있을 것입니다.

반크는 '독도가 우리 땅'이라는 사실을 세계에 알리고 있습니다. 하지만 이게 전부는 아닙니다. 한국에 대한 잘못된 정보를 찾아 오류를 수정하고 정확한 정보를 세계에 알리는 일을 합니다. 반크의 청소년 회원들이 민간외교사절이 되어 이런 활동을 하는데, 그러자면 외국어 능력이 필요합니다. 현재 반크에 5060 회원이 얼마나 있는지 모르지만, 5060이 영어를 구사할 수 있다면 반크에서 대한민국의 미래를 이끌 젊은 세대와 함께 손발을 맞춰 뜻깊은 활동을 하며 세계와 소통할 수 있을 것입니다.

5060의 드라마는 아직 끝나지 않았습니다. 5060은 여전히 젊고 무엇이든 할 수 있는 열정과 체력이 있습니다. 그러나 공부하지 않으면 기회는 주어지지 않을 것입니다. 요즘 강조되는 평생학습은 청소년뿐만 아니라 5060을 위한 세상의 뜨거운 배려와 성원일 것입니다. 물론 외국어만이 유일한 선택지는 아닙니다. 다른 배움의 영역이 얼마든지 열려 있습니다. 반드시 영어여야 할 필요는 없지만 영어가 새로운 기회를 만들어준다는 것은 틀림없습니다. 영어를 한다는 것은 단순히 영어를 말할 수 있다는 것을 넘어 과거와는 다른 인생, 전혀 경험하지 못했던 미지의 세상을 경험할 기회를 갖게 되는 것입니다. 때때로 배우고 익히는 것이 즐겁다고 했습니다. 영어를 공부한다는 것만으로도 행복할 수 있지 않을까요?

시간은
만드는 것이다

저는 아주 이상한 경험을 했습니다. 37살에 좋아하던 술을 끊었습니다. 술 마실 돈이 없었던 것도 아니고 딱히 건강을 생각해서도 아니었습니다. 일주일이면 두서너 번 정도는 술을 마셨으니 제 생활의 반은 술이 차지하고 있었던 셈이지요. 그런데 어느 날, 이제 그만 술에서 깰 때라는 생각이 들었습니다. 가끔 이런 생각을 하게 된 것이 과음으로 인한 숙취나 술이 덜 깨서였던 건 아닌지 의심한 적도 있습니다만 그날 이후 술을 마시지 않았습니다. 얼마나 갑작스러운 결단이었으면 주변에서 건강에 문제가 생긴 건 아닌지 걱정하기도 했습니다. 그러면서 그러더군요. 결단력 하나는 끝내준다고요.

　술을 끊고 나니 문제 아닌 문제가 생겼습니다. 술을 더는 마시지 않으니 일하는 시간을 빼고는 할 일이 없어진 느낌이 들었습니다. 술 마시던 시간을 다른 일로 채워야 했습니다. 예전에는 여가에 뭐하냐는 질문을 받으면 술을 마시거나 책을 본다고 대답하곤 했는데, 술 마시는 시간이 사라진 겁니다. 아니, 술 마시던 시간이 사라진 것이 아니라 전에 없던 시간이 생겼다고 해야겠죠.

그런데 신기하게도 물리적으로는 시간이 많아졌는데도 '아, 시간이 별로 없다!'는 묘한 긴장감이 생겼습니다. 술에 취해 살았을 때는 인식하지 못했던, 아주 오랫동안 술 마시는 데 시간을 허비한 어리석음에 대한 뒤늦은 깨달음이었을까요? 그때부터 저는 시간을 허투루 쓰지 말자고 다짐했습니다. 방송 일에 가장 많은 시간을 투자했지만, 나머지 시간은 되도록 책을 읽으면서 보냈습니다. 그러다가 혼자 독서를 통해 공부하는 것도 좋지만 체계적으로 공부하려면 학교에 가는 것이 낫겠다는 생각에 성균관대학교 야간학부에 입학했습니다.

말 그대로 주경야독을 할 생각이었습니다. '낮에는 방송국에 가서 열심히 일하고 밤에는 공부하자. 일이 없는 날은 공부에 집중하자.' 그렇게 큰마음 먹고 새로운 생활을 시작했습니다. 월요일부터 금요일까지는 저녁 6시부터 10시 45분까지 꼬박 수업을 들어서 귀가하면 언제나 자정이 가까웠습니다. 토요일과

일요일에는 특별한 일이 없으면 하루 종일 책상 앞에 앉아 학교 공부를 했습니다.

처음 보고서 주제를 받았을 때는 뭘 써야 할지 도무지 알 수 없었습니다. 보고서를 작성하기 위해 교재는 물론 여러 책과 논문을 보았습니다. 각오는 했지만 학교생활은 만만치 않았습니다. 두 주 이상 주제와 관련한 책이나 논문을 봐야, '아, 이런 얘기를 쓰면 되겠구나!' 하고 실마리가 잡혔습니다. 처음에는 이렇게까지 해야 하나 조급증이 들기도 했으나 시작했으니 끝을 보고 싶었습니다. 보고서를 쓸 때면 언제나 시간이 허락하는 만큼 필요한 자료를 쭉 읽고 보고 나서야 작성에 들어갔습니다. 시험 기간은 두말할 것도 없고, 늘 그렇게 공부하다 보니 항상 시간에 쫓겼습니다.

가장 힘들었던 때는 기독교방송에서 〈정재환의 행복을 찾습니다〉를 진행했을 때였습니다. 집은 일산이고, 방송국은 목동, 생방 시작은 9시여서 8시까지는 방송국에 도착해야 했습니다. 그런데 8시에 맞추려면 출근길 정체 때문에 시간이 너무 많이 걸렸습니다. 공연히 길에서 시간을 낭비할 필요는 없다는 생각이 들었습니다. 그래서 차량의 행렬이 꼬리를 물기 전인 6시에 집을 나섰습니다. 기억이 조금 흐릿하지만 7시 전에는 항상 방송국에 도착했던 것 같습니다. 일본어 학원에 나가기 시작한 것은 방송을 시작하고 얼마 후였습니다.

주말치를 녹음하는 날은 예외지만 보통은 방송이 끝나면 10시 30분이었습니다. 텔레비전 방송 녹화가 있는 날은 방송국으로, 없는 날은 학교로 이동해서 도서관에서 책을 보며 저녁 수업 전까지 시간을 보냈습니다. 수업을 마치고 귀가할 때 성대 후문에서 바라보는 서울의 야경은 눈에 넣어도 아프지 않을 만큼 아름다웠지만, 귀가하면 어느덧 자정에 가까웠습니다. 그러곤 다음 날 아침 5시에 일어나기 위해 서둘러 씻고 잠자리에 들었습니다.

지금 돌이켜보면 참 치열하게 살았다는 생각이 듭니다. 그에 비하면 요즘은 참으로 한가합니다. 월요일, 화요일, 목요일은 성대와 추계예술대, 한글문화연대 한국어학교 강의가 있어 좀 바쁘고, 한 달에 한 번은 YTN 〈재미있는 낱말풀이〉 녹화가 있지만, 나머지 시간은 특강이나 답사, 방송 등이 없으면 온전히 내 마음대로 쓸 수 있습니다. 커피를 마시기도 하고, 스마트폰도 들여다보고, 하릴없이 빈둥거리기도 하지만, 되도록 독서와 영어 공부에 대부분의 시간을 쓰고 있습니다. 그래서 저는 농담 삼아 말합니다. 일이 없어도 바쁘다고요.

제게 그렇게 바빠서 어쩌냐고 걱정 어린 시선을 보내는 사람도 있습니다. 하지만 세상에 저만 바쁘게 사는 것은 아닙니다.

저보다 더 바쁘게 사는 사람이 많습니다. 대기업의 임원이 되려면 사생활을 포기해야 하고, 하루 4시간 수면이 고작이라고 합니다. 존경스러울 따름이죠. 내 딴에 아무리 바쁘게 살아도 특별한 일이 없는 한 보통 하루 6~7시간은 잠을 자니 바쁘다고 말하는 것이 좀 멋쩍습니다.

사람들은 바빠서 시간이 없다고 곧잘 이야기합니다. 뭐가 그리 바쁠까요? 온통 일하느라 바쁘다면 딱히 할 말이 없습니다. 하지만 정말로 일 때문일까요? 그래서 다른 활동은 전혀 할 수 없다는 말일까요? 대한민국은 24시간 공화국이라고도 합니다. 빵집도 자정까지 문을 여는 곳이 많고, 술집은 자정을 넘기기도 합니다. 24시간 문을 여는 식당도 많아서 밤새워 먹거나 마실 수도 있습니다. 생업을 마친 시각이 자정이 아니라면 대개는 생업의 연장으로 이어지는 식사 자리, 술자리 때문에 밤 동안에도 바쁜 것이 아닐까요? 저는 저녁이 있는 삶이란 말을 참 좋아합니다. 왜 대한민국은 저녁이 있는 삶을 누리지 못하는 것일까요?

저녁이 있는 삶을 누리겠다는 강한 의지가 없는 것이 가장 큰 문제라고 생각합니다. 각자 삶의 모습이 다르긴 합니다. 그리고 누군가의 삶을 평가할 의도도 없습니다. 하지만 행복한 삶은 자신이 어떤 선택을 하느냐에 달려 있다고 생각합니다. 조금 덜 일하고, 조금 덜 벌어도 가족들과 더 많은 시간을 보낼 수 있다면 그것만으로도 행복하지 않을까요? 하릴없이 시간을 소비하기보다 자기 계발을 위해 생산적인 활동에 시간을 쓰면서 즐긴다면 삶이 더 즐겁지 않을까요? 친구들을 만나 술 한 잔씩 기울이고 수다 떨면 스트레스가 한 방에 날아간다는 사람도 있습니다. 하지만 전유성 선배의 말처럼, "야, 오늘 저녁에 만나서 책 한 권 읽을까?" 할 수 있는 교유는 어떤가요? 술집 대신 친구와 공연장에 한번 가보시길 권합니다. 우정이 술집에서만 돈독해지는 것이 아니라는 사실을 깨달을 것입니다.

영어 공부를 하고 싶지만 시간이 없다는 얘기는 핑계일 뿐입니다. 시간이 없는 게 아니고, 생각과 의지가 없는 것입니다. 하루 2~3시간씩 규칙적으로 할 수 없다면 자투리 시간이라도 활용하면 됩니다. 출퇴근길 버스나 지하철 안에서도 얼마든지 공부할 수 있습니다. 저도 그렇지만 버스 안에서 멀미가 나서 책을 보지 못하는 이들이 꽤 많습니다. 저는 지하철 안에서는 책도 보고 스마트폰으로 '오늘의 영어' 같은 것도 보지만, 버스를 타면 다운로드해 놓은 팟캐스트 방송을 듣습니다. 산책을 하거나 자전거를 탈 때도 제 귀에는 이어폰이 꽂혀 있습니다.

무엇을 공부하든 그것은 여러분이 선택하면 됩니다. 중요한 것은 지나치게 많은 텔레비전 시청 시간, 술 먹는 시간, 노닥거리는 시간, 멍 때리는 시간 등을 줄이면 공부할 시간은 얼마든지 있다는 것입니다. 게다가 이미 퇴임한 분이라면 그야말로 가진 건 시간뿐이지 않을까요? 시간 없다고 핑계대면 안 됩니다. 시간은 만드는 것이니까요.

글로벌 시대의
소통

20세기를 지나면서 '글로벌'이란 말이 일상화되었습니다. global
은 '세계적인, 전 세계의, 지구상의' 같은 뜻인데, 교통·컴퓨터·
통신 등의 급속한 발달이 글로벌 시대를 이끌었습니다. 글로벌
시대는 지역 간 경제 활동이나 문화의 교류 등이 활발하게 이루
어지므로 소통이 중요합니다.

급변의 시대를 산 대한민국의 5060은 1970년대에는 공장
에서 가발을 만들고, 열사의 땅 중동에서 댐이나 수로를 건설하
며 외화를 벌었습니다. 1980년대에는 저유가, 저금리, 저임금의
3저 호황을 바탕으로 반도체와 자동차를 중심으로 하는 수출산
업의 역군으로서 경제 발전에 기여했습니다.

그와 같은 과정에서 5060은 '일인일기(一人一技)'의 시대

를 살았습니다. 누구나 한 가지씩 전문 지식 혹은 기술을 쌓으면 족했습니다. 그야말로 전공이면 그만이었죠. 그때도 영어를 잘하면 대우받았지만, 영어가 아닌 전공만 열심히 해도 취직이 되던 시절입니다. 기술자가 되건 의사, 변호사, 교사가 되건 뭐든지 한 가지 지식이나 기술을 습득하면 사는 데 지장이 없었다는 이야기입니다. 더 나아가 한 분야의 전문가가 되면 얼마든지 인정받던 시대였던 거지요. 한 마디로, '일인일기'만으로도 잘살 수 있었습니다.

급기야 우리 앞에 펼쳐진 글로벌 시대는 그 일인일기에 일어(一語)를 더해야 하는 일인일어(一人一語)의 시대가 되었습니다. 5060이 젊었을 때는 외국어를 쓸 일이 별로 없었습니다. 무역을 하지 않는 이상 접할 수 있는 외국인이라면 한국에 주둔하고 있던 미군 정도였으니까요. 하지만 지금은 풍경이 과거와 달라졌습니다. 명동에서는 일본어와 중국어가 난무하고 이태원이나 신촌, 광화문, 경복궁 같은 명소가 아니라도 어렵지 않게 외국인들을 만납니다. 그러면 예전보다 외국인과 이야기할 기회가 늘어났겠죠? 자, 그러면 어떻게 해야 할까요?

《조벽 교수의 인재혁명》의 저자 조벽 교수는 청소년들에게 꿈과 희망을 주는 교육을 강조합니다. 꿈과 희망이 있어야 미래를 설계할 수 있고, 희망을 품어야 앞날이 밝게 빛나고, 꿈이 있어야 실패와 실수가 끝이 아닌 과정이 된다고 말합니다. 청소년만 꿈과 희망을 품으면 되나요? 미래는 청소년들만의 것인가요?

5060에게도 미래가 있습니다. 미래가 없는 인생은 인생도 아닙니다. 5060도 꿈과 희망을 품고 살아야 인생이 밝고 즐겁고 행복할 것입니다. 20년 또는 30년이나 남은 삶을 어떻게 살아야 하나 걱정만 해서는 아무것도 해결되지 않습니다. 다시 꿈을 꾸고 희망을 품어야 합니다.

"뭐, 다 살았는데, 무슨 외국어? 어휴, 젊었을 때도 실패했는데, 이 나이에 영어 공부를 어떻게 해?"

지레 걱정부터 할 필요는 없습니다. 조벽 교수가 지적했듯이 꿈을 꿀 때 젊은 날의 실패는 결과가 아닌 과정이 될 것입니다. 5060은 많은 것을 경험했습니다. 실패와 성공을 번갈아 했을 것입니다. 좌절도 했지만, 가슴 뿌듯한 성취감을 맛본 적도 적지 않을 것입니다. 왜 실패했는지, 왜 성공했는지도 잘 알고 있습니다. 다시 꿈을 꾼다면 실패를 거울삼아 희망을 품고 성공의 길로 나아갈 수 있을 것입니다.

"영어! 그래 다시 한번 해보지 뭐. 젊었을 때는 그놈의 문법, 독해. 어려운 문장을 해석하면서도 외국인 앞에서는 입도 뻥끗 못했지. 오래 안 써서 입이 좀 굳고 녹슬긴 했지만 슬슬 한번 풀어볼까!"

외국어 공부와
치매

2016년 겨울 모교의 동문 모임에 참석했습니다. 50~70대인 참석자들은 기부천사로서 오랫동안 모교를 위해 물심양면으로 헌신한 분들이었습니다. 참석자를 위해 마련한 여러 순서가 있었지만 제 흥미를 끈 것은 《뇌미인》의 저자인 성균관의대 나덕렬 교수의 강연이었습니다. 그는 아름다운 뇌미인으로 사는 법, 치매 없이 건강하게 사는 법에 대해 얘기했습니다.

흥미로운 것은 50~70대인 청중들이 놀라운 집중력을 보였다는 사실입니다. 나 교수는 진지하게 얘기를 하다가도 특유의 유머를 구사해 분위기를 부드럽게 이끌었습니다. 그날 강연에 많은 청중들이 박수를 보냈습니다. 청중들은 그의 농담에 반응한 것이 아니었습니다. 그들을 집중하게 한 것은 바로 특강의 주제였습니다.

인생의 만년에 접어든 청중들은 모두 치매를 두려워하고 있었습니다. 드라마 〈천일의 약속〉과 영화 〈내 머릿속의 지우개〉의 여주인공처럼 20~30대에 알츠하이머병에 걸리는 경우는 드물지만, 가족성이라면 알츠하이머에 걸릴 확률은 100%이고, 일찍 발병하는 경우도 적지 않습니다. 가족성이 아닌 경우 알츠하이머 증상이 시작되는 평균 나이는 70~75세경입니다.

알츠하이머는 뇌 속에 아밀로이드라는 잘못된 단백질이 쌓이는 병인데, 가족성이 아닌 알츠하이머병이 가족성과 동일한 과정을 밟는다면 평균 50세부터 이미 뇌 속에 아밀로이드가 쌓이기 시작합니다. 그날 모인 만년의 청중들은 이것을 두려워하고 있었습니다.

"치매에 걸리지 않는 뇌미인으로 살려면 뇌의 근력을 키우는 가장 좋은 방법, 나의 뇌세포를 귀중하게 여기고 뇌세포를 파릇파릇하게 키우는 좋은 습관을 하나둘씩 받아들이는 것이다."

그러면 어떤 것이 좋은 습관일까요?

① 오늘 나는 나의 두뇌 계발을 위해 얼마나 투자를 했나?

② 오늘 나는 별생각 없이 멍하니 TV 앞에 몇 시간 있었나?

③ 오늘 담배는 몇 갑 피웠나?

④ 오늘 나는 소주와 맥주는 몇 잔이나 마셨나?

⑤ 오늘 나는 나의 뇌를 웃게 하였는가?

②③④는 나쁜 습관이고, ①⑤는 좋은 습관입니다. ①번을 위한 효과적인 방법은 운동과 앞쪽 뇌(전두엽) 키우기입니다. 운동을 열심히 해서 앞쪽 뇌를 키울 수도 있고 스와프(SWAP)를 통해 앞쪽 뇌를 키울 수도 있습니다. 스와프의 S는 말하기(Speaking), W는 쓰기(Writing), A는 토론(Active Discussion), P는 발표(Presentation)입니다.

텔레비전 드라마를 봤다면 가족들과 저녁을 먹으면서 드라마에 대한 이야기를 해보세요. 토론을 하는 것도 좋습니다. 몇 시간 동안 텔레비전을 보는 것보다는 책상 앞에 앉아 글을 쓰는 것이 좋습니다! 드라마에 대한 생각을 글로 쓸 수도 있습니다. 대중 앞에서 이야기할 기회가 많지 않다면, 식구들 혹은 친구, 동료 앞에서 적극적으로 얘기를 해보세요. 이 모든 습관이 당신의 앞쪽 뇌를 건강하게 해줄 것입니다.

앞쪽 뇌 키우기를 위해서 나 교수가 특별히 강조하는 것이 외국어 배우기입니다. "외국어 공부만큼 전두엽을 좋게 하는 방법은 없다." 스크린 영어가 좋습니다. 기초적인 발음이나 문법을 안다면, 드라마, 영화, 애니메이션, 강의 등을 반복해서 들어보세요. 들리지 않는 부분은 스크립트를 확인하면서 반복하면 됩니다.

나 교수는 학습 기간으로 9년을 제안합니다. 첫 3년은 스크린 영어, 다음 3년 동안 SWAP 중 말하기와 글쓰기를 하고, 마지막 3년은 토론과 발표를 합니다. '아니, 9년 동안이나 해야 돼?' 하고 반문하는 분들이 분명히 있을 것입니다. 외국어는 시간이 걸립니다. 특히 한국인에게 영어는 그렇습니다. 5060은 체험으로 이미 잘 알고 있습니다.

치매 예방에 '외국어 배우기'가 좋다는 나 교수의 주장에 100% 동의합니다. 인문학 강좌에 가서 문학이나 철학, 역사 등을 공부한다면 강의 듣고 책 읽는 것 정도로 가능합니다. 시험을 보지 않는 이상 이해하고 느끼는 것으로 충분할 수 있습니다. 반면 어학 공부는 강의와 독서에서 끝나지 않습니다. 외국어가 내 머리에서 만들어지고 내 입에서 나올 때까지 단어와 숙어를 외워야 하고, 여러 가지 표현을 반복 연습해야 하므로 두뇌를 계속 움직이게 됩니다.

매일, 조금씩,
꾸준히

영어 공부는 시간이 많이 걸립니다. 정확히 얼마나 많이 걸린다고 자로 재듯이 얘기할 수는 없지만, 일본어 학습과 비교하면 3~5배쯤 더 걸리지 않을까 싶습니다. 개인차가 있겠지만, 그저 평범한 5060이라면 이런 정도는 예상을 하는 것이 좋을 것 같습니다. '한 1년 열심히 하면 돼! 금방 귀 뚫리고 입 터져!' 같은 말들은 달콤한 유혹에 지나지 않습니다. 그렇다고 해서 어느 세월에 하나 걱정부터 할 필요는 없습니다.

이솝우화에 나오는 아주 유명한 경주가 있습니다. 걸음이 느린 거북이가 쉬지 않고 달려서 자신보다 수십 배는 걸음이 빠른 토끼를 이겼다는 이야기는 우리에게 '빠른 걸음'보다 꾸준함과 끈기가 더 중요하다는 교훈을 가르쳐줍니다. 그러니 좀 느리고 더디더라도 걱정할 이유는 없습니다. 참, 느림보 하면 옛날 우스갯소리 중 지네 이야기가 떠오릅니다. 지네한테 심부름을 시켰는데, 한 시간이 지나고 두 시간이 지나도 감감무소식이더랍니다. 하도 답답해서 나가 보니, 지네가 현관에서 신발을 신고 있었다네요.

이 이야기의 교훈은 뭔가요? 네, '지네한테 급한 심부름을 시키면 안 된다'일 수 있지만 '지네는 포기하지 않고 차근차근 신발을 신는다' 아닐까요? 지네의 다리는 15쌍이 기본이고 많은 것은 170쌍이라고 합니다. 이 지네가 신발을 신어야 한다니 생각만 해도 입이 쩍 벌어지지요? 하여간 우직한 지네가 그 많은 신발을 다 신고 심부름을 훌륭하게 끝냈기를 바랍니다. 앗, 신발을 벗을 때는 좀 나았으려나요?

'우공이산(愚公移山)'이라는 고사성어가 있습니다. 우공이라는 이름은 어리석은 사람을 뜻하지만, 그 우공이 그 누구도 하지 못한 일을 해냈습니다.

사방 700리에 높이가 만 길이나 되는 태형산(太形山)과 왕옥산(王屋山)은 기주(冀州)의 남쪽과 하양(河陽)의 북쪽 사이에 있었습니다. 북산에 사는 우공은 이 두 산이 성가셨습니다. 오가려면 산이 앞을 가로막고 있어서 멀리 돌아가야 하니 불편하기 짝이 없었습니다. 우공은 가족회의를 열어 산을 옮기기로 했습니다. 아흔이 다 된 우공은 자손 셋을 데리고 돌을 깨고 흙을 파서 삼태기에 담아 발해의 끝으로 운반했습니다. 이웃집 과부도 칠팔 세 된 어린 아들을 보내 도왔습니다.

이런 우공을 보고 하곡의 지수가 비웃었습니다. "그대는 참으로 어리석도다! 세상에 돌대가리가 따로 없구려!" 우공은 화내지 않고 이렇게 말했습니다. "내가 죽더라도 아들이 있고, 아들이 손자를 낳고, 그 손자가 또 손자를 낳을 것이니 자자손손 대가 끊어질 일이 없지만, 산은 더 커지지 않으니 어찌 평평해지지 않는다고 걱정한단 말이오?"

우공과 가족들은 돌과 흙을 나르는 일을 쉬지 않았고, 이 모습에 감동한 상제가 과아 씨의 두 아들을 시켜 두 산을 업어다 하나는 삭동에 두고, 하나는 옹남에 두게 했습니다. 그리하여 기주와 한수의 남쪽에는 언덕조차 없게 되었습니다.

사실 저는 어리석은 사람 취급을 당한 우공이 혼자서 돌과 흙을 날라 기적처럼 산을 옮긴 줄 알았습니다. 알고 보니 상제가 감동했고, 산을 옮겨준 과아 씨의 두 아들이 있었습니다. 저처럼 비로소 진실을 알게 된 분들이 "에이 난 또, 우공이 옮긴 게 아니었네. 남이 대신 해줬잖아." 하면서 우공의 일화를 평가 절하할지도 모릅니다.

비록 조력자가 있었지만 중요한 것은 우공의 생각과 태도입니다. '내가 죽더라도 아들이 있고, 아들이 손자를 낳고, 그 손자가 또 손자를 낳을 것이니 자자손손 대가 끊어질 일이 없지만, 산은 더 커지지 않으니 평평해질 것이다.' 우공은 긍정적으로 사고하고 실행했습니다. 어리석은 자라 조롱당하고 비웃음을 사면서도 돌과 흙을 퍼 날랐으며, 자신의 후대 언젠가는 산이 평평해지리라 확신했습니다.

영어 공부! 5060이 하기엔 너무 늦었다고 생각하시나요? 결코 그렇지 않습니다. 5060은 거북이나 지네보다 빠릅니다. 우공보다도 빠를 것이고, 우공에게 상제와 과아 씨의 두 아들이 있었듯이 길을 함께 갈 동행도 만날 수 있을 것입니다. 힘들 때는 짐을 나누어 들어줄 조력자도 만날 수 있을 것입니다. 중요한 것은 시작하는 것이고, 포기하지 않고 매일 조금씩 꾸준히 하는 것입니다.

조급해할 이유는 조금도 없습니다. 이미 우리는 100세 시대를 살고 있습니다. 50대라면 앞으로도 50년, 60대라 해도 40년이나 시간이 있습니다. 지난 50년, 60년을 살아봐서 알지만, 40~50년이라는 시간은 영어가 아니라 영어 할아버지도 정복할 수 있는 시간입니다. 심지어 120세 시대가 올 거라는 전망도 있습니다. 5060이 원하는 것이 무엇이든 간에 시간은 충분합니다.

제 2 장

영어 공부가
다시 봄을 부른다

The real risk is doing nothing.

- Denis Waitley -

나이가 들면
공부는 필요 없다고?

30대에 레오 버스카글리아의 《살며 사랑하며 배우며》를 읽고, 가훈을 '배우고 사랑하라'로 정했습니다. '살며'를 뺀 이유는 굳이 '살며'를 넣지 않아도 이미 살고 있기 때문이고, 앞으로도 살아갈 것이라 믿었기 때문입니다. 중요한 것은 어떻게 살 것이냐의 문제였고 그 답이 '배우고 사랑하라'였습니다.

배우는 것은 공부고, 사랑하는 것은 나누는 것입니다. 배우고 나누지 않으면 너무 이기적입니다. 이웃을 사랑하는 마음, 후배들을 사랑하는 마음이 있으면 배운 것을 나눠야 합니다. 학교에서 학생들을 가르치는 것은 직업상 의무일 수도 있고, 밥벌이의 수단일 수도 있지만, 자신이 공부한 것을 학생들과 나누는 것입니다.

간혹 '이 나이에 무슨 공부' 하시는 분들이 있습니다. 공부에 나이가 있을까요? 그럼 공부는 언제 하는 걸까요? 학생 때인가요? 그럼 학교를 졸업하면 공부는 끝인가요? 고작 20년 공부하고 60~70년을 버틸 수 있을까요? 전근대처럼 시간이 느릿느릿 흐르고 한평생을 살아도 날 때와 갈 때가 별로 다르지 않은, 이렇다 할 변화가 없는 그런 세상이라면 가능할지 모릅니다. 하지만 하루가 다르게 변모하는 21세기를 살면서 공부하지 않는다면 자신도 모르는 사이에 원시인이 되어버리지는 않을까요?

인류의 위대한 스승 중 한 분인 공자는 죽을 때까지 학생으로 살다 가셨습니다. 훈민정음을 창제한 세종은 어릴 때부터 책벌레였고, 언어학뿐만 아니라 농사, 국방, 과학, 음악 등 온갖 분야에 정통했습니다. 세계 최초의 측우기를 만든 것은 장영실이지만 아이디어를 제공하고 만들라고 지시한 것은 세종이었습니다. 성철스님 사후 종단개혁에 앞장섰던 혜암스님은 공부하다 죽으라고 일갈하셨습니다. 저는 공자나 세종이나 혜암이 될 수 없습니다. 그렇지만 죽을 때까지 공부는 할 수 있을 것 같습니다.

그런데 왜 죽을 때까지 혹은 나이가 들어서도 공부를 해야 하느냐고 묻는다면 어떻게 답해야 할까요? 질문의 답을 구하기 위해 페친(페이스북 친구) 님들께 도움을 청했습니다.

글을 올리고 24시간 만에 무려 110분 정도 댓글을 달아주셨습니다. 이 자체로 감동이지만, '공부는 안 해도 된다고 생각함'이란 의견을 주신 한두 분을 빼고는 이구동성으로 공부해야 하는 이유를 적어주셨습니다. 마음 같아서는 그분들의 의견을 다 옮기고 싶지만, 지면 관계상 몇 분의 의견만 소개합니다.

하진규 : 오늘이라고 부르는 이 시간도 내일이 되면 과거가 되는 것처럼 내가 안다고 생각하는 것이 새로운 환경이나 지식 앞에서는 무용지물이 되기에 평생 배워야 한다고 생각합니다만 ~ᴧ;;

김혜경 : 재미있잖아요.. 모르는 걸 알아가는 과정이 좋아요.

임응구 : 100세 시대를 넘어, 120세 시대에는 본인의 행복을 지키고, 주변에 민폐를 끼치지 않기 위하여 필수적입니다.

백세현 : 놀면 뭐해요? 한 글자라도 더 배워야죠~ᴧ

임창우 : 딱히 할 것도 없잖아요. ㅎ

김윤중 : 그럼요. 당연히 해야지요. 하지 않으면 뭘 하실 것인데
요?

별사탕 : 살면 살수록 모르는 건 많고 알면 잼 있기도 하구여.

이혜너은숙 : 항상 무언가를 향해 배워갈 때 활기찬 삶이 되고
행복하고 또 좋은 사람들을 알게 되고... 알고 있는 묵은 지식
이 성장하고, 빠르게 변화하는 시대에 건강한 에너지를 전파
하는 사람이 되어가는 뿌듯한 나를 사랑하는 법도 배워가죠.

정광태 : 힘들 땐 쉬어가면서 해 *♡*

이은주 : 5학년 4반인 저는 오늘 한국사능력검정시험 보고 왔어
요. ^^

김준호 : 공부를 하지 말아야 할 이유를 제외하고는 모든 것 아닐
까요.

신웅식 : 공부는 당장의 쓸모를 보고 하는 것이 아니다. 해야 하
고 아니해서는 안 되기에 하는 것이다. 숨을 생각하고 쉬는 사
람이 있는가? 끼니마다 밥을 먹은 이유를 따지기도 하는가?

숨 쉬고 밥 먹듯 우리는 공부를 해야 한다. 어디다 써먹을지는 따질 필요가 없다. 공부는 빠른 법도 늦는 법도 없다. 할 때가 빠른 때고 안 할 때가 늦은 때다. – 한양대 정민 교수.

Hansik Kim : 나이 들기 위해서 공부한 것이 아니라면 나이 들었다고 공부를 멈출 이유가 있을까요?

전유건 : 첫째, 돌아서면 잊어버립니다. 둘째, 늙어서 꼰대 소리 듣기 싫어서입니다.

김영밀 : 저도 48에 석사 마쳤습니다. 공부를 하고 안 하고는 선택이지만 난 그 자리인데 세상은 빠르게 흐르더군요. 세상에 맞추는 게 능사는 아니지만 '함께하려면 해야 한다'에 한 표입니다.

임성민 : 저도 요즘 성악과 플라멩코 댄스를 배우고 있는데 나이가 있어서 그런지 정말 아주 조금씩 감질나게 나아지고 있습니다. 너무 안 늘어서 그만두고 싶은 마음은 굴뚝같은데 지금 그만두면 남은 생 동안 절대 안하며 지낼까 봐 꾹 참고 배우고 있습니다. 이번이 마지막이라는 심정으로...

장현근 : 아! 이런 것도 모른 채 죽을 뻔했네... ㅎ

이성미 : 친구가 아닐까요? 나만이 공유할 수 있는 친구라고 생각합니다~♥

Aramis Aram Lee : 박사님 저는 제 생각을 잘 담지 못할 것 같아, 전우용 교수의 피드를 공유해봅니다.

나이가 들면 저절로 지식과 경륜이 늘고 인격이 높아질 거라 생각하기 쉽지만, 절대로 그렇지 않습니다. 공부하지 않으면 무식이 늘고, 절제하지 않으면 탐욕이 늘며, 성찰하지 않으면 파렴치만 늡니다. 나이는 그냥 먹지만, 인간은 저절로 나아지지 않습니다. - 전우용.

박명순 : 나이 들어 태극기 들고 쓸데없는 데 나가면 안 되니까 공부해야 된대요. ㅋ

페친들의 댓글을 읽으면서 나이가 들어도 공부해야 한다는 내 생각이 나 혼자만의 생각이 아니란 것을 확인하고는 저도 모르게 키보드를 두드리는 손가락에 더 힘이 들어갑니다. '독도는 우리 땅'을 부른 광태 형은 "힘들 땐 쉬어가면서 해"라고 했지만 쉴 수가 없습니다. 여하간 더 무슨 말이 필요할까 싶지만, 한 가지 오해를 피하기 위해 덧붙입니다.

　　혜암스님은 지나간 것에 마음을 두지 말고 지금 하는 일에 마음을 두라 하셨고, 공부가 따로 있는 것이 아니라 그것이 바로 공부라고 말씀하셨습니다. 참선만이 아니라 지금 하고 있는 일에 심신을 다 바치는 것을 공부로 여겼던 혜암스님께는 암자를 하나 짓는 것도 수행이고 정진이요, 막노동도 수행이었을 것입니다.

　　스님이 강조하신 공부는 책만 보는 공부가 아니었습니다. 저 역시 책을 보는 것만이 공부라고 생각하지 않습니다. 원두를 볶고 커피콩을 가는 것을 배우는 것도 공부고, 나뭇가지를 잘라 다른 나무에 접붙이는 것을 배우는 것도 공부입니다. 배우가 춤을 배우거나 노래를 배우는 것도 공부입니다. 접는 전화(폴더폰)에 익숙한 60대나 70대가 스마트폰으로 인터넷 검색, 페이스북, 카톡 등의 사용법을 익히는 것도, 마음을 닦는 것도, 학창시절에 데면데면했던 영어에 도전하는 것도 공부입니다.

"지난 63년의 내 생애는 자랑스럽고 떳떳했지만 이후 32년의 삶은 부끄럽고 후회가 막급하고 비통한 삶이었습니다. 나는 퇴직 후 '이제 다 살았다. 남은 인생은 이제 그냥 덤이다'라는 생각으로 그저 고통 없이 죽기만을 기다렸습니다. 덧없고 희망이 없는 삶… 그런 삶을 무려 32년이나 살아왔습니다.

…

이제 나는 하고 싶었던 어학 공부 또는 악기를 한 가지 연주할 수 있는 취미 활동이라도 다시 시작하려 합니다. 그 이유는 단 한 가지… 10년 후에 맞이하게 될 105번째 생일날! 95세 때 왜 아무것도 시작하지 않았는지 후회하지 않기 위해서입니다."

– 95세 박용석

기억력이 떨어졌다는 것은
핑계다

점점 기억력이 떨어진다는 얘기를 입버릇처럼 하는 5060이 많습니다. 기억력이 나빠져서 공부할 수 있겠느냐는 항변입니다. 하지만 제 생각은 전적으로 다릅니다. 나이가 들면 기억력이 쇠퇴한다는 것은 과학적으로는 근거가 없답니다. 20대와 60대의 기억력에 큰 차이가 없다는, 일본의 기억력 분야 대가인 이케가야 유지의 말이 용기를 줍니다.

독일의 에빙하우스가 제시한 망각곡선에 따르면, 사람은 암기한 후 20분에는 42%, 1시간 후에는 56%, 1일 후에는 74%, 1주일 후에는 77%, 1달 후에는 79%를 잊는다고 합니다. 2030이나 5060이나 기억을 유지하는 방법은 잊어버리기 전에 반복해서 복습하는 것이 최선입니다. 성대모사의 달인 최아무개 선배는 똑같은 얘기를 반복하는 것으로도 유명했습니다.

"야, 너 이 얘기 들었니? 삼형제가 식인종이 사는 무인도에 표류했는데, 식인종이 '내 말을 잘 듣고 웃거나 울거나 소리 지르지 않으면 살려준다.' 그러면서 똑같은 과일을 3개씩 따오라고 했어. 첫째가 사과를 따왔는데, 식인종이 항문에 집어넣으라고 한 거야. 2개를 넣고 3개째 넣다가 너무 아파서 비명을 지르는 바람에 식인종한테 잡혀먹었어. 둘째는 딸기를 따왔는데, 역시 항문에 집어넣으라고 하자, 조심스럽게 2개를 넣고 3개째에 그만 웃는 바람에 또 잡아먹힌 거야. 하늘나라에 간 첫째가 물었어. '나는 사과라 아파서 비명을 질렀지만, 너는 딸기인데 어쩌다 죽어서 여기 온 거야?' 그랬더니 둘째가 이랬다는 거야. '2개를 넣고 3개째를 집어넣는데 저쪽에서 막내가 수박 3개를 들고 오잖아요.' 그래서 웃음을 참을 수가 없었다는 거지. 재미있지?"

최 선배가 어느 선배를 만났습니다.
"선배님, 이 얘기 아세요? 삼형제가 식인종이 사는 무인도에 표류했는데, 식인종이 '내 말 잘 듣고 웃거나 울거나 소리 지르지 않으면 살려준다.' 그러면서 똑같은 과일을 3개씩 따오라고 했어요. 첫째가 사과를 따왔는데, 식인종이 항문에 집어넣으라고 하는 거예요. 2개를 넣고 3개째 넣다가 너무 아파서 비명을 지르는 바람에 식인종한테 잡혀먹었어요. 둘째는 딸기를 따왔는데, 역시 항문에 집어넣으라고 해서 조심스럽게 2개를 넣고 3개째를 넣다가 갑자기 웃는 바람에 또 잡아먹힌 거예요. 하늘나라에 간 첫째가 물었어요. '나는 사과라 아파서 비명을 질렀지만, 너는 딸기인데 어쩌다 죽어서 여기 온 거니?' 그랬더니 둘째가 대답했어요. '2개 넣고 3개째를 집어넣는데 저쪽에서 막내가 수박 3개를 들고 오잖아요.' 그래서 웃음을 참을 수가 없었다는 거지요. 재미있죠?"

최 선배가 앞서 만났던 후배를 또 만났습니다.

"야, 너 이 얘기 들었니?" 하면서 또 그 이야기를 재방송하듯 그대로 다시 해주었습니다.

"그래서 웃음을 참을 수가 없었다는 거지. 재미있지?"

최 선배가 앞서 만났던 선배를 또 만났습니다.

"선배님, 이 얘기 아세요? 삼형제가 식인종이 사는 무인도에 표류했는데, 식인종이 '내 말 잘 듣고 웃거나 울거나 소리 지르지 않으면 살려준다' 그러면서 똑같은 과일을 3개씩 따오라고 했어요. 첫째가 사과를 따왔는데, 식인종이 항문에 집어넣으라고 한 거죠, 2개를 넣고 3개째 넣다가 너무 아파서 비명을 지르는 바람에 식인종한테 잡아먹혔어요."

"야, 너 그 얘기 아까 했잖아."

"둘째는 딸기를 따왔는데요, 역시 항문에 집어넣으라고 해서 조심스럽게 2개를 넣고 3개를 넣다가 갑자기 웃는 바람에 또 잡아먹힌 거예요. 하늘나라에 간 첫째가 물었어요. '나는 사과라 아파서 비명을 질렀지만, 너는 딸기인데, 그걸 못 참고 어쩌다 죽어서 여기 왔니?'"

"너, 한 대 맞고 그만둘래, 아니면 여기서 그만둘래?"

"그러니까요, 2개 넣고, 3개째를 집어넣는데, 저쪽에서 막내가 수박 3개를 들고 오더라는 거예요. 그래서 웃음을 참을 수가 없었다는 거지요. 재미있죠?"

"으이구, 내 이걸…."

최 선배는 만나는 사람마다 붙잡고 똑같은 얘기를 반복합니다. 같은 얘기를 또 들어야 하는 사람은 지겹겠지만, 어쨌거나 최 선배는 삼형제 이야기를 절대 잊어버리지 않고, 수차례 반복한 후에는 토씨 하나 틀리지 않았습니다. 여기까지 읽은 여러분도 최 선배가 들려준 삼형제 이야기를 절대 잊어버리지 않겠지요?

선생님들도 반복해서 학생들에게 전달하는 내용은 제아무리 내용이 복잡하고 까다로워도 잊지 않는다고 합니다. 반면 어쩌다 한 번 하고 지나간 얘기는 쉽게 잊어버립니다. 기억력이 떨어졌다는 것은 학창시절처럼 반복적으로 학습하지 않은 탓이고 핑계일 뿐입니다.

시작은 언제나
미약하다

중고등학교 때 배운 영어를 깡그리 잊어버린 5060도 막막해하지 않아도 됩니다. 저는 깡그리 잊지는 않았지만, be동사부터 다시 시작했습니다. '배운 지 아무리 오래됐다 해도 아무려면 am, are, is부터 시작할 필요는 없잖아?'라며 흥분할 수 있습니다. 그런데 남녀노소를 막론하고 한국인 영어 학습자가 자주 하는 실수가 바로 be동사와 일반 동사를 정확히 구별해 쓰지 못한다는 것입니다. 다음을 볼까요.

　　　너 먹을래? Are you want to eat?

　　　위 문장은 Do you want to eat?이라고 해야 합니다. 일반

동사 want와 함께 조동사 do, 그리고 부정사 용법으로 to eat를 써야 하기 때문입니다. 그럼에도 are가 들어간 것은 주어 you와 be동사 are를 짝으로 생각하기 때문입니다. 물론 '너는 예쁘다'고 말할 때는 'You are beautiful'이라고 하므로 이인칭 주어 you와 are는 짝을 이룹니다.

You are pretty. 너는 귀엽다.

그러나 '너는 귀여워 보인다'라고 말하고 싶다면, 일반 동사 look을 써야 합니다.

You look pretty.
→ 부정문은 조동사 do를 씁니다. You do not look pretty.
→ 의문문도 조동사 do를 씁니다. Do you look pretty? 너는 예뻐 보이니?

우리말 해석이 좀 어색하지만, 문법적으로는 옳습니다. 그런데 Are you look pretty?라고 실수하는 이들이 상상을 초월할 정도로 많고, You are look pretty라고 말하는 경우도 적지 않습니다.

너 행복해? Are you happy?

그런데 이걸 Do you happy?라고 하는 이가 있습니다. '설마?'라고 반문할 수 있지만 설마가 사람 잡는 거 아시죠? 이 모든 실수는 be동사와 일반동사를 정확하게 구분하지 못하기 때문입니다. 마음을 다잡고 새롭고 싱그럽게 영어 공부를 시작한다면 까까머리 중1 시절로 돌아간 듯 복습하는 것이 결코 우스꽝스럽거나 한심한 일이 아님을 알게 됩니다.

be동사

I am a boy. 나는 소년이다.

I am not a boy. 나는 소년이 아니다.

Am I a boy? 나는 소년인가?

일반 동사

I watch TV. 나는 텔레비전을 본다.

I do not watch TV. 나는 텔레비전을 보지 않는다.

Do I watch TV? 나는 텔레비전을 보나?

또 하나 잦은 실수는 명사의 단
수와 복수 구분이고, 그에 따른 동사
의 사용법입니다. 소년은 boy이고 소
년들은 boys입니다. 영어에서는 일반
적으로 -s를 붙여 복수를 나타냅니
다. 한국어의 '들'에 해당합니다. 물론
어린이를 뜻하는 child의 복수형은

children in car도 말이 안 되는 것
은 아니지만, children on board가
자연스러운 표현이다.

children으로, 이것은 불규칙 변화에 속합니다. 사진의 childs는
차 안에 어린이가 둘이 있어 s를 붙인 듯하나 children이 맞습
니다. 말을 할 때뿐만 아니라 글을 쓸 때도 이런 실수를 많이 합
니다.

소년이 노래한다.

Boy sing(×) → Boy sings. 소년들이 노래한다.

Boys sings(×) → Boys sing.

주어가 단수일 때는 동사에 -s를 붙이고 복수일 때는 동사
의 원형을 씁니다. 부정문이나 의문문에서 주어가 3인칭일 때는
do를 사용하는데, 복수일 때는 do를 그대로 사용하지만, 단수일
때는 does를 씁니다. 아주 간단히 기억할 수 있는 내용인데도 영

어를 공부하면서 이런 개념조차 머리에 집어넣지 않는 이들이
의외로 많습니다. 그래서 똑같은 실수를 반복합니다. 때때로 헷
갈리기도 하고, 실수도 하지만, 기본적으로 개념은 머릿속에 넣
어두어야 합니다.

She is kind. 그녀는 친절하다.
Those girls are kind. 그녀들은 친절하다.

Korean works hard. 한국인은 일을 열심히 한다.
Korean does not work hard. 한국인은 일을 열심히 하지 않
는다.

Koreans work hard. 한국인들은 일을 열심히 한다.
Koreans don't work hard. 한국인들은 일을 열심히 하지 않
는다.

시작은 항상 미약합니다. 사소하다거나 우습게 보지 말고
초심으로 돌아가 기초적인 것부터 점검해야 합니다. 그러면 Are
you go to school? / I am eat hamburger. / She does sad. / He is
do homework. / Koreans is smart. / The girl do not eat Kimchi.

/ Those girls is my sister. / All Koreans is handsome 등의 실수
는 절대 하지 않을 것입니다. 탄탄한 기초에서 정확한 영어가
나옵니다.

He is at home.

그는 집에 있다.

He is eating dinner with his wife.

그는 그의 아내와 함께 저녁을 먹고 있다.

She does not like him.

그녀는 그를 좋아하지 않는다.

She will move to her previous boy friend.

그녀는 그녀의 옛 남자친구에게 갈 것이다.

He will be alone and cry.

그는 혼자가 될 것이고 울 것이다.

Who will be his new wife?

누가 그의 새 아내가 될까?

I do not know.

나는 모른다.

I am not a fortune teller.

나는 점쟁이가 아니다.

Who knows?

누가 아니?

They know.

그들이 안다.

Who are they?

그들이 누구냐?

Nobody knows.

아무도 모른다.

짧막한 문장에서 실수를 하지 않는다면 긴 문장에서도 be 동사와 일반동사의 사용법을 헷갈리거나 잘못 쓰는 실수를 범하지 않을 것입니다. 단수와 복수의 구분과 그에 따른 동사의 변화도 올바르게 익혀나가면 언젠가는 다음과 같은 연설도 '오바마'처럼 근사하게 할 수 있을 것입니다. 꿈인가요?

A More Perfect Union – Barack Hussein Obama II

'We the people, in order to form a more perfect union......' Two hundred and twenty-one years ago, in a hall that still stands across the street, a group of men gathered and, with these simple words, launched America's improbable experiment in democracy.

Farmers and scholars, statesmen and patriots who had traveled across the ocean to escape tyranny and persecution finally made real their declaration of independence at a Philadelphia convention that lasted through the spring of 1787.

더 완벽한 연합 - 버락 오바마

'우리 국민은 더 완벽한 연합을 이루기 위해...' 221년 전, 지금도 이 길 건너편에 서 있는 독립기념관에 사람들이 모여 이 간단한 말들로 미국에서 가능할 법하지 않았던 민주주의 실험을 시작하였습니다. 폭정과 학대를 피해 바다를 건너온 농부와 학자, 정치인과 애국자들이 마침내 1787년 봄까지 필라델피아 의사당으로 쓰인 곳에서 독립선언을 실현한 것입니다.

- 출처 : 에드워드 험프리, 《위대한 명연설》

네 시작은 미약하였으나 끝은 창대하리라. - (욥기 8:7)

읽는 건 되는데
말하기가 안 된다고?

영어를 배우는 첫 단계에서는 알파벳부터 시작합니다. 그다음 단어로 넘어가지만, 이후에는 단어, 숙어, 문장을 함께 공부하면서 어휘력과 문장력을 동시에 늘려나가도록 학습합니다. 단어 3개월 하고, 그다음 숙어 3개월, 그리고 문장 3개월의 단계로 나아가지는 않습니다.

5060은 이미 어느 정도의 어휘력과 문장력을 갖고 있습니다. 따라서 영어 학습을 크게 말하기·읽기·쓰기·듣기로 분류할 때, 저마다의 목표에 따라 어느 것에 비중을 두고 공부할 것인가가 중요합니다.

나덕렬 교수는 '기초적인 발음이나 문법을 안다고 전제한 상황'에서 스크린 영어를 첫 3년으로 제시했습니다. 그런데 만일 기초적인 발음이나 문법을 모른다면 어떻게 해야 할까요? 저는 ① 문법 ② 말하기·읽기 ③ 쓰기·듣기의 순서가 적절하다고 생각합니다.

기초가 없는 상태에서 듣기 능력이 필수적인 드라마와 영화 등을 보면서 학습하는 스크린 영어는 불가능합니다. 문법을 공부하면서 어휘력을 늘리고, 말하기와 읽기에 집중하는 것이 현실적입니다. 실력에 개인차가 있으므로 ①과 ②를 1년 혹은 2년 해야 한다고 단정할 수는 없습니다. 문법이나 말하기·읽기를 마스터한 뒤에 ③단계인 쓰기와 듣기로 나아가야 하는 것도 아닙니다. 왜냐하면 말 그대로 '마스터'라는 게 불가능하기 때문입니다.

①②단계를 하다가 ③단계로 넘어가는 것이 아니라 ①② 단계를 하면서 ③단계를 병행하게 됩니다. 결국 일정 기간이 지나면 ①②③단계를 동시에 학습하게 되는 것입니다. 난이도를 놓고 순서를 따져도 ①②를 선행하는 것이 맞습니다. ③단계 중 듣기는 정말 고난도입니다. 지금 저는 어느 정도 말하기와 읽기가 되지만, 듣기는 읽기와 말하기만큼 되지 않습니다. 미국에서 몇 년 공부하고 온 사람들도 자막 없이 영화를 보는 것이 힘들다고 합니다. 들리지 않기 때문입니다. 일본에서 중학교 때부터 15년째 살고 있는 한국 여성이 있는데, 지금도 텔레비전에서 모

르는 말이 나와서 늘 사전을 끼고 본답니다.

반면에 말하기는 저마다의 실력만큼 가능합니다. 간단히 자기소개를 하거나 상대방과 인사말을 주고받는 수준에서 길을 묻거나 가르쳐줄 수 있는 수준, 여행지에서 호텔이나 식당을 예약하는 수준으로 조금씩 표현의 폭을 늘려나갈 수 있습니다.

제가 일본어를 공부할 때도 그랬습니다. 일본어 1급을 따고, 학원의 프리토킹반에 들어갔습니다. 이미 그 반에서 오랫동안 공부하고 있던 친구들은 당연히 저보다 훨씬 말을 잘했습니다. 제가 제일 어눌했죠. 그래도 교재 없이 선생님과 학생들과 대화했습니다. 날이 갈수록 조금씩 표현력이 향상되었고, 부드러워졌습니다.

일본어를 공부할 때 틈틈이 일본 드라마를 봤지만, 한글자막 없이 보는 것은 불가능했습니다. 자막을 보면서 배우들의 말소리를 귀를 쫑긋 세우고 들었습니다. 드라마를 보다가 배우는 단어나 표현이 없지 않았으나 학원에서 읽기와 말하기를 연습하는 과정에서 알게 된 말들이 드라마 속에서 나왔을 때, '아, 저게 그 표현이었구나! 저렇게 말하는구나!' 하면서 반가워했던 기억이 또렷합니다.

지금은 미드를 보고 있습니다. 미드는 영어자막과 함께 봅니다. 소리도 영어, 글자도 영어입니다. 귀로는 소리를 듣고 눈으로는 자막을 따라갑니다. 처음에는 귀로 듣는 것보다 눈으로 보는 것이 더 많았지만, 귀로 듣는 것도 가랑비에 속옷 젖듯 아주 조금씩 늘고 있습니다. 다른 학습자들에 비해 듣기 능력이 현저하게 약하다고 스스로 평가해서 욕심내지는 않지만, 그래도 진도가 너무 느려서 속상합니다.

영어는 한국어와는
다르다

한국어에서는 주어가 종종 생략됩니다. 분위기 있는 찻집에서 도라지 위스키 한 잔을 마시다가 그윽한 눈빛으로 '사랑해'라고 만 말해도 누가 누굴 사랑한다는 것인지 다 압니다. '누가 누구를 사랑한다는 거냐, 누구야? 영숙이야 경숙이야, 나야?' 하고 절대 따지지 않습니다. 주어와 목적어가 없어도 다 압니다. 한국 어의 위대함이여!

그러나 영어에서는 곤란합니다. 위스키 한 잔 마시고 게슴 츠레한 눈빛으로 love라고 하면, '뭐야, 밑도 끝도 없이 love라 니, love가 어쨌다는 거야, 존 레논의 love가 듣고 싶다는 거야?' 그럴지도 모릅니다. 영어에서는 주어와 목적어가 와야 합니 다. 'I love'라고만 해도 안 되고 'I love' 다음에 you인지 her인지

Youngja인지 분명히 말해야 합니다. you라고 해야 하는데, 엉뚱하게 Mija나 Youngsuk이라고 하면 귀싸대기 맞을 수도 있습니다.

I love you.

물론 그냥 love라고 말할 수도 있지만, 이것은 명령어가 되어, '누군가를 사랑하라'는 의미가 됩니다. 5060이 좋아했던 엘비스 프레슬리가 부른 노래 'Love me tender'가 좋은 예문입니다. '사랑해라, 나를 부드럽게!'

좌우지간 영어에서는 주어를 잘 생략하지 않습니다. 물론 반드시 주어가 존재해야 하는 것은 아닙니다. 원어민들도 간단히 말하는 것을 좋아하기 때문에 뻔히 아는 주어는 생략하기도 합니다.

Nice to see you. 만나서 반가워.

주어 It과 동사 is가 생략됐지만, 없어도 그 정도는 다 안다고 생각하므로 과감히 생략합니다.

Get out of here. 여기서 나가.

눈을 부라리면서 Get out of here라고 말하면, 이 말을 들은 당신은 곧 자리를 떠야 할 것입니다. 아니면 엄청난 봉변을 당할 수도 있습니다. You must leave. 그러니까 주어 you가 생략된 것입니다.

기타

위 '기타'는 악기 guitar가 아니고, '그 밖의 무언가'를 의미합니다. 한국인들에게 어색한 수동태 표현이라든가, if 가정법, 부가의문문, 현재완료니 과거완료니 하는 복잡한 시제 등도 한국어와 아주 다릅니다. 이러한 것들을 하나하나 파악하기 위해서는 차분하게 공부해야 합니다.

자신의 영어 실력을
확인하자

한글문화연대 한국어학교에서는 이주여성들에게 무료로 한국어를 가르치고 있습니다. 2015년 8월 31일에 개교했고, 당시부터 지금까지 교장은 정재환입니다. 학생 수가 10명이 넘지 않으니, 학교보다는 교실이라는 이름이 어울리겠지요? 그러면 정 교장이 아니고 정 실장이 됩니다. 명색이 5060인데 교장쯤 해도 되지 않을까요? 개교 이후 월요일 수업은 정 교장이, 목요일 수업은 연대 회원인 조남주 선생이 맡고 있습니다.

2018년 1월 현재 공부하러 나오는 학생은 한국생활 8년 전후여서 실력이 고급이고, 최고급을 위해 질주하고 있습니다. 이미 한국어를 잘하지만, 이들 모두 처음에는 한글 자모 익히기부터 시작했습니다. 2002년에 제가 일본어를 시작했을 때와 마찬가지 상황이었을 것입니다.

그러나 5060에게 영어는 처음이 아닙니다. 초등학교 때 시작한 이도 없지 않겠지만, 중학교 1학년부터는 모두 똑같은 출발선에 서 있었습니다. 중학교 3년, 고등학교 3년. 대학교 4년까지 합치면 무려 10년입니다. 중도에 포기했다 해도 이미 영어에 대한 상당한 지식을 갖고 있습니다.

영어는 못해도 단어나 숙어를 많이 알고 있습니다. 웬만한 문장은 읽고 해석이 가능하며, 작문도 가능할 것입니다. 한두 마디는 말할 수도 있습니다. 따라서 5060은 아주 무식하지 않습니다. 서당 개 3년이면 풍월을 읊듯이 어딘가에 자신도 모르는 영어가 쌓여 있을 것입니다. 그러니 가벼운 문법책을 하나 읽으면서 뇌 한구석에 숨어 있는 영어를 하나하나 끄집어내보는 건 어떨까요?

□ 나는 얼마나 많은 단어를 알고 있나?

□ 나는 얼마나 많은 숙어를 알고 있나?

□ 나는 영어의 구조, 즉 문법을 알고 있나?

□ 나는 얼마나 긴 문장을 해석할 수 있나?

□ 나는 얼마나 긴 문장을 작문할 수 있나?

□ 나는 어떤 문장을 말할 수 있나?

□ 나는 얼마나 긴 문장을 말할 수 있나?

이상의 항목을 꼼꼼하게 확인한 다음에는 구체적인 학습 계획을 세워보세요. 단어, 숙어 늘리기, 문법 파악하기, 해석 가능한 길이의 문장에서 출발하여 점차 문장의 길이를 늘려나가면서 읽기와 독해하기, 단어, 숙어, 문장 단위로 소리 내어 발음하기, 짤막한 문장부터 자연스럽게 말하는 연습하기, 간단한 주제에 대해 글쓰기 등등을 동시다발적으로 해나가야 합니다.

영어도 목표 설정이
중요하다

"어떤 영어를?"

영어 공부 삼매경에 빠져 있는 백발의 병원 원장님을 알게 되었습니다. 진료를 받으러 갈 때마다 원장님 책상 위에는 영어 책이 펼쳐져 있었습니다. 페이지마다 파란색, 빨간색 볼펜으로 깨알 같은 메모가 적혀 있다는 것은 왕년에 공부깨나 하셨다는 증거입니다.

　"원장님, 영어 공부 열심히 하시네요."
　"저는 이 책에 있는 단어는 다 알아요. 해석도 다 하지요. 그런데 말을 못해요. 지금 하는 공부는 말하기예요. 요즘에는 인터넷 강의나 팟캐스트 방송도 많아서 혼자서도 공부할 수 있어요. 강의를 들으며 반복 연습하고 있지요. 그런데 이상하게 영어가 나오지 않아요. 며칠 전에 외국인이 병원에 왔기에 영어로 대화를 시도해봤지만, 결국은 중요한 단어만 갖고 의사소통을 했어요."

의사가 되려면 상당히 노력해야 한다는 것은 삼척동자도 다 압니다. 의술뿐만 아니라 외국어, 역사, 문화 등 다방면에 걸쳐 지식과 교양을 쌓아야 합니다. 의대생이라면 특히 영어 원서와 씨름하지 않을 수 없었을 것입니다. 원장님도 그 같은 과정을 거쳤을 것입니다. 그래도 영어가 말로 나오지 않아 이를 해결하기 위해 말하기 공부에 전념하고 있다고 합니다.

같은 5060이라고 해서 모두 똑같은 내용의 영어를 습득해야 하는 것은 아닙니다. 원장님의 목표는 말하기입니다. 요즘 젊은이들은 학업이나 취직 혹은 승진에 필요한 영어 실력을 쌓기 위해 문법, 회화, 토익, 토플 등등 많은 것을 공부하지만 5060이 그처럼 방대한 범주의 영어를 공부할 필요는 없습니다.

여행을 자주 가는 분이라면 여행 영어에 집중하면 되고, 외국인이 많이 오는 가게에서 일하는 분이라면 장사 영어를 습득하면 됩니다. 외국인을 상대로 문화해설사로 일하는 것이 꿈이라면 읽기와 말하기가 좋고, '해리 포터'를 원서로 읽는 것이 목

111

표라면 읽기에 집중하면 됩니다. 저는 읽기와 말하기를 주목표로 하고 있습니다.

"초급, 중급 아니면 고급?"

원장님에게는 외국인 환자를 진료하는 데 쓸 영어가 필요하고, 여행을 자주 가는 분들은 공항, 호텔, 관광지 등에서 쓸 수 있는 표현들을 중심으로 공부하는 것이 좋습니다. 여행지에서 외국인과 대화가 가능한 수준을 목표로 잡아도 좋습니다. 장사를 하는 분이라면 가게에서 취급하는 상품에 대한 안내와 설명, 거래시 자주 쓰는 표현, 주변 지역에 대한 안내가 가능한 표현들을 익히면 될 것입니다.

읽기와 말하기에 주력하고 있는 저는 2단계로 목표를 설정했습니다. 1단계 말하기 목표는 여행을 가거나 외국인을 만났을 때 어느 정도 대화가 가능한 수준이고, 읽기는 영문으로 된 기사나 글을 소화하는 것입니다. 2단계는 한국어와 한국역사, 한국문화 등을 강의할 수 있는 수준에 도달하는 것입니다. 1단계가 중거리 경주라면 2단계는 마라톤입니다. 42.195킬로미터를 도중에 포기하거나 쓰러지지 않고 달려야 합니다. 앞으로 몇 년 안에 가능할지 모르지만 시작한 이상 완주하고 싶습니다.

처음부터 목표를 너무 높게 잡으면 과중한 부담으로 인해

스트레스를 받을 수도 있습니다. 더 심하면 좌절하거나 실패할 가능성도 있습니다. 그러므로 자신을 제대로 진단하지 못하고 목표만 높게 잡아서는 절대 안 됩니다. 눈높이를 낮추고 즐기면서 도전해야 마음도 편하고 성공 확률도 높습니다. 1단계 목표에 이르면 실현 가능한 다음 단계를 설정하고 나아가면 됩니다. 어느 세월에 하지? 걱정부터 할 이유는 없습니다. 천릿길도 한 걸음부터이니까요!

Take the first step in faith.

You don't have to see the whole staircase,

just take the first step.

by Martin Luther King, Jr.

그저 첫 발걸음을 떼면 된다.

계단 전체를 올려다 볼 필요도 없다.

그저 첫 발걸음만 떼면 된다.

마틴 루터 킹

영어 공부,
시간이 얼마나 걸릴까?

서울대 이병민 교수는 영어 노출 시간을 11,680시간 확보해야 영어를 잘할 수 있다고 합니다. 〈워싱턴포스트〉 기자 출신 맬컴 글래드웰이 특정 분야에서 전문가의 경지에 오르기 위해선 적어도 1만 시간 이상은 투자해야 한다고 한 '1만 시간의 법칙'과 비슷하지요. 1만 시간은 대략 하루 3시간, 일주일에 20시간씩 10년간 쌓아야 도달할 수 있는 시간입니다.

정말 그런지 한번 확인해볼까요? 11,680시간을 24시간으로 나누면 487일입니다. 1년하고 조금 더 하면 됩니다. 이런! 이건 말도 안 되는 일입니다. 그 누구도 하루 24시간 먹지도 자지도 않고 영어 공부만 할 수는 없으니까요. 다시 생각해볼까요? 하루 8시간 공부할 수 있다면 1,460일이므로 4년 걸립니다. 하지만 이 또한 실행 가능한 얘기는 아닙니다. 공부가 직업인 학생이 아니라면 8시간 공부하는 것도 무리일 것입니다.

그렇다면 하루에 6시간 정도 해볼까요? 1,947일이니 5년 4개월이 걸립니다. 5시간씩 하면 2,336일, 즉 6년 5개월 정도 걸립니다. 4시간씩 하면, 2,920일, 즉 8년이 걸리고, 3시간씩 하면 3,893일이니 10년 8개월 정도 걸립니다. 만일 당신이 정말 바쁘고 시간이 없어서 하루 2시간밖에 투자할 수 없다면 16년 걸립니다.

$$11680 \div 24 = 486.6 \fallingdotseq 487일$$

$$11680 \div 8 = 1460 \rightarrow 1460 \div 365 = 4년$$

$$11680 \div 6 = 1946.6 \rightarrow 1946.6 \div 365 = 5.3 \fallingdotseq 5년 \ 4개월$$

$$11680 \div 5 = 2336 \rightarrow 2336 \div 365 = 6.4 \fallingdotseq 6년 \ 5개월$$

$$11680 \div 4 = 2920 \rightarrow 2920 \div 365 = 8년$$

$$11680 \div 3 = 3893.3 \rightarrow 3893 \div 365 = 10.6 \fallingdotseq 10.7년 \fallingdotseq 10년 \ 8개월$$

$$11680 \div 2 = 5840 \rightarrow 5840 \div 365 = 16년$$

이쯤에서 '아니, 무슨 시간이 그렇게 많이 걸려?'라고 소리를 지르다가 '난 못해!' 하고 악을 쓸지도 모릅니다. 이해합니다.

어떻게 10년을 하루같이 3시간, 4시간, 5시간, 6시간씩 영어 공부에 투자할 수 있겠어요. 게다가 주말에 이틀 쉬는 것을 감안하면 기간은 더 늘어납니다. 하루 3시간을 하고 주말 이틀을 쉰다면? 무려 15년이 걸립니다.

11680÷3=3893 / 52주×2일=104일 / 365-104=261일 / 3893÷261=14.9 ≒ 15년

김환표의 《트렌드지식사전6》에는 5060이 경악할 만한 주장이 더 있습니다. 노력과 선천적 재능의 관계에 대한 연구를 진행한 잭 햄브릭 미시간주립대학 교수 연구팀은 '노력한 시간이 실력의 차이를 결정짓는 비율은 4퍼센트에 불과하다'고 했습니다. 어떤 분야든 선천적 재능이 없으면 아무리 노력해도 대가가 될 수 있는 확률이 높지 않다는 것입니다. 절망적이죠? 《스포츠 유전자》의 저자 데이비드 엡스타인도 "1만 시간 훈련한다고 누구나 리오넬 메시, 크리스티아누 호날두가 될 수는 없다"며 '1만 시간의 법칙'은 허상에 불과하다고 합니다.

15년을 영어 공부에 투자해도 영어를 잘하게 된다는 보장도 없다? 그렇다면 어차피 안 될 가능성이 높은데 포기하는 것이 맞을까요? 하지만 저는 그렇게 생각하지 않습니다.

엡스타인은 "1만 시간 이상 투자해 체스 마스터가 된 사람과 3,000시간 만에 체스 마스터가 된 사람의 차이는 유전적 재능 외에는 설명할 길이 없다"고 했습니다. 유전적 재능을 타고났다는 것을 언급하고 있지만, 여하간 3,000시간을 투자하고 체스의 대가가 된 사람이 있다는 얘기입니다. 그렇다면 이렇게 한번 생각해보면 안 될까요? 5060이 영어를 포기한 것은 영어 공부에 대한 의지도 강하지 않았고, 공부하기 어려운 여건 속에서 살았기 때문이 아닌가 하고 말입니다. 유전적 재능을 발견하기 이전에 절실하게 열심히 해본 적이 없기 때문이 아닐까요?

어쩌면 5060에게는 새로운 도전의 기회가 주어진 것인지도 모릅니다. 정년 이후에도 일을 하는 분들도 있지만 앞으로 남은 시간을 어떻게 보내나 걱정하는 5060도 많습니다. 100세 시대를 살아내려면 당연한 고민일 것입니다. 영어 공부는 이 문제를 해결해줄 멋진 해결책 중 하나입니다. 그간 열심히 살아온 세대인 5060에게 영어는 또 다른 무기가 될 수 있습니다. 더욱이 지금은 여건이 많이 좋아졌습니다. 큰 비용 들이지 않아도 영어를 공부할 수 있는 장이 많습니다. 모든 것이 오로지 마음먹기 나름입니다.

50세에 시작해서 주말 빼고 하루 3시간을 투자하면 65세에 목표를 이룰 수 있습니다. 60년 동안 영어 울렁증에 시달리며 살아왔지만 남은 인생은 달라질 것입다.

50세→65세 / 55세→70세 / 60세→75세 / 65세→80세.

65세에 시작한다고 해도 100세 시대를 가정한다면, 목표를 달성하고도 20년이 남습니다. 그렇다면 해볼 만하지 않나요? 나덕렬 교수가 제안했듯이 앞쪽 뇌를 계속 사용하면서 치매 없이 건강하게 살고 싶지 않나요? 65세에 끝났다고 생각한 박용석 선생의 고백처럼 남은 30년을 부끄럽고 비통하고 후회스럽게 만들지는 않아야 하지 않을까요?

인생은 선택의 연속입니다. 남은 인생을 어떻게 살지는 5060의 선택에 달려 있습니다. '공부해서 뭐해?'는 세상에서 제일 어리석은 질문입니다. 10년 공부의 결과가 어떨지 집착하지 말아야 합니다. 공자는 죽을 때까지 학생이었습니다. '진인사대천명' 성공과 실패는 하늘만이 아는 것이니, 지금 이 순간을 즐깁시다. 공부하는 것만으로도 앞으로 10년을 즐겁고 건강하고 행복하게 살 수 있습니다.

잔잔한 바다에서는
사공이 나지 않는다

살다 보면 뜻하지 않은 많은 일을 겪게 됩니다. 처음 부딪히는 일이라 어찌해야 할지 몰라 적절한 판단을 내리지 못하고 당황하거나 실수하는 경우가 많습니다. 인간은 본디 그런 존재입니다. 그렇지만 적절한 생각과 판단을 내릴 수 있는 슬기와 쓰러지지 않고 난관을 돌파할 수 있는 능력이 필요합니다. 도움이 필요할 때, 인생의 교훈이 되는 격언에 귀 기울이면 많은 용기와 위안을 얻습니다.

저는 "책 속에 길이 있다"는 말을 좋아합니다. 이 말도 격언일까요? 여하간 직접 경험할 수 없는 많은 것들을 책을 통해 접하고 배웁니다. 30대 때부터 맹자의 측은지심(惻隱之心)을 좋아하고, 공자의 견리사의(見利思義)를 좋아했습니다. 측은지심을 가진 자라면 최소한 갑질은 하지 않을 것이고, 견리사의를 실천하는 자라면 부정한 돈이나 지위를 탐해서 사회를 어지럽게 하지 않을 것입니다.

서양 격언 중에 "A golden key can open any door."라는 말이 있습니다. 16세기 영국의 극작가 존 릴리(John Lyly)가 남긴 말인데, "황금 열쇠로는 어떤 문도 열 수 있다"는 뜻입니다. 돈이면 다 해결된다는 말이니, "유전무죄 무전유죄"의 서양 판인 셈입니다. 존의 의도를 정확히 파악할 수 없지만, 무엇이든 돈으로 해결하려는 세태를 역설적으로 풍자하고 비판하고자 했을 것입니다. 그 반대라면 청산해야 할 적폐일 뿐입니다.

소크라테스는 "너 자신을 알라"(Know yourself)고 했습니다. 본디 이 말은 델포이 아폴론 신전 앞 기둥에 새겨져 있던 문구이며 그리스 7현인 중 한명이었던 탈레스라는 철학자 입에서 최초로 나왔다고도 합니다. 언제부턴가 어록이란 게 유행입니다. 누구나 근사한 말 한 마디 정도 남기고 싶다는 생각을 하겠지만, 그런 말이 머리나 입에서 갑자기 툭 튀어나오지는 않을 것입니다.

너 자신을 알라. 영어로는 Know yourself입니다. '너 자신을 알라'는 한국어 표현만큼 영어도 그다지 어렵지 않습니다.

이 정도라면 삼척동자라도 쉽게 외울 수 있을 것입니다. 내가 좋아하는 누군가가 남긴 말이나 서양의 격언을 원문 그대로 기억하는 것도 영어 학습에 도움이 되지 않을까요? 익숙한 서양 격언들을 몇 개 더 들여다보겠습니다.

미국의 정치가 벤저민 프랭클린은 명언을 많이 남겼습니다. 프랭클린이 서점에서 일할 때 한 손님이 책값을 깎아달라고 했습니다. 안 된다고 하는데도 계속 깎아달라고 조르자, 프랭클린은 책값을 점점 높게 불렀습니다. 화가 난 손님이 왜 자꾸 값을 높이냐고 따지자, 프랭클린은 '시간은 돈이다'라고 했습니다. 손님이 자신의 소중한 시간을 빼앗았다는 의미인 거죠. 시간은 돈이다!

Time is money.

'오늘 할 일을 내일로 미루지 말자.'도 그가 남긴 말입니다. 해야 할 일을 눈앞에 두고도 빈둥거리는 친구에게 하고 싶은 말일 것입니다. 영어로는 어떻게 표현할까요?

Never leave that till tomorrow which you can do today.

'그림의 떡이다'라는 말은 탐스럽지만 손에 넣을 수 없다는 뜻으로, 바라는 모습이기는 하나 실제로 이용할 수 없거나 이루어지기 힘든 경우를 이르는데, 영어 표현도 몹시 간단합니다. 영미인들은 떡 대신 파이를, 그림 대신 하늘을 사용합니다. 그림의 떡은 진짜 떡이 아니니 애당초 의미 없고, 파이가 진짜라 해도 하늘에 있으니 어찌 고픈 배를 채울 수 있겠습니까.

Pie in the sky.

'세 살 버릇 여든까지 간다'는 속담도 영어에서 비슷한 표현을 찾을 수 있습니다.

Old habbits die hard.

세 살 버릇 대신 오래된 버릇(old habbit)을 쓰고, '잘 죽지 않는다'(die hard)고 표현합니다. 브루스 윌리스 주연의 영화 〈Die Hard〉를 기억할 것입니다. 어떤 영화나 주인공은 쉽게 죽지 않습니다. 서부 영화나 전쟁 영화에서는 총을 수십 발 맞고도 죽지 않습니다. 이 영화에서도 브루스 윌리스는 주인공은 끝까지 죽지 않는다는 것을 유감없이 보여주었습니다. 우리도 주인공처럼 살면 참 좋겠습니다.

생텍쥐페리의 〈어린 왕자〉(Little Prince)는 어른을 위한 동화로 전 세계인의 사랑을 받는 작품입니다. 학창시절에 열 번 가까이 읽었는데도 자세한 줄거리가 가물가물합니다. 그래도 '눈에서 멀어지면 마음에서도 멀어진다'는 말은 지금도 또렷이 기억하고 있습니다. 법정스님은 그냥 스쳐지나가는 인연에 연연하지 말라 하셨지만, 스쳐 지나고 싶지 않은 인연이라면 눈에서 멀리 하지 말아야 합니다.

Out of sight, out of mind.

격언은 아니지만, "사랑은 결코 미안하다는 말을 하지 않는다."는 영화 〈러브스토리〉의 명대사도 생각납니다.

Love means never having to say you're sorry.

그러나 종종 우리는 사랑하는 이에게 미안하다는 말을, 아니 너무 엄청난 실수여서 미안하다는 말조차 꺼낼 수 없는 일들을 저지르고 있지는 않나요?

No words can justify my actions.

입이 열 개라도 할 말이 없다.

격언에는 인류의 지혜가 응축되어 있습니다. 그래서 위기의 순간, 절망의 순간에 마음의 푯대가 되어주기도 하고 따뜻한 위로를 건네기도 합니다. 격언을 영어로 공부해두었다가 필요할 때 써보세요. 멋져 보인다고 친구들이 부러워할지도 모릅니다.

Walls have ears.

낮말은 새가 듣고 밤 말은 쥐가 듣는다.

Lend your money and lose your friend.

돈을 빌려주면 친구를 잃는다.

Talent above talent.

뛰는 놈 위에 나는 놈 있다.

All is not gold that glitters.

반짝이는 것이 다 금은 아니다.

An early bird catches the worm.

일찍 일어나는 새가 벌레를 먼저 잡아먹는다.

Better the last smile than the first laughter.

처음의 큰 웃음보다 마지막의 미소가 더 좋다.

Faith without deeds is useless.

행함이 없는 믿음은 쓸모가 없다.

We give advice, but we cannot give conduct.

충고는 해줄 수 있으나, 행동하게 할 수는 없다.

Books are ships which pass through the vast seas of time.

책이란 넓고 넓은 시간의 바다를 지나가는 배다.

The will of a man is his happiness.

인간의 마음가짐이 곧 행복이다.

Weak things united become strong.

약한 것도 합치면 강해진다.

Habit is second nature.

습관은 제2의 천성이다.

Education is the best provision for old age.

교육은 노년기를 위한 가장 훌륭한 대책이다.

All fortune is to be conquered by bearing it.

모든 운명은 그것을 인내함으로써 극복해야 한다.

To Kill two birds with one stone.

일석이조

Every cloud has a silver lining.

고진감래

'일석이조'를 중국에서 온 사자성어쯤으로 생각하는 이들이 많겠지만, 본디 영어 표현을 일본에서 한자어로 번역한 것입니다. 전혀 생각지 못했던 것에 눈이 번쩍 뜨일 때 "To kill two birds with one stone"이라는 원문이 머리에 쏙 들어와 박히지 않을까요?

　좋은 말이라고 해서 몽땅 머릿속에 집어넣을 필요는 없습니다. 내 가슴과 머리를 세게 강타한 몇 마디의 격언으로도 삶은 풍요로워질 수 있으니까요. 저는 '잔잔한 바다에서는 사공이 나지 않는다'라는 영국 속담을 좋아합니다. 일이 잘 풀리지 않거나 힘들어서 쓰러질 것 같을 때, 영어 공부가 잘 되지 않을 때에도 이 말을 되새깁니다. 세상에 쉽게 이룰 수 있는 일도 없고, 어떤 일을 이루기에 안성맞춤인 여건이나 환경도 드물지요. 오히려 어렵고 힘겨운 상황 속에서 빛나는 성취가 가능할 것입니다.

A Smooth Sea Never Made a Skillful Sailor.

제3장

영어는 이렇게
시작한다

Strong reasons make strong actions.

- William Shakespeare -

영어의 구조를
이해하자

한국인에게 영어는 매우 이질적인 언어입니다. 우선 말하는 순서가 다릅니다. 5060은 중학교 때부터 영어를 배웠지만, 단어나 숙어를 많이 알고 있어도 쉽게 말이 안 나오는 것은 한국어와 영어가 아주 다르기 때문인데, 가장 크게 다른 것은 순서입니다.

한국어는 주어 + 목적어 + 서술어의 순서입니다.

나는 너를 사랑해

그러나 영어는 주어 + 서술어 + 목적어의 순서입니다.

I love you

한국어는 순서가 뒤집혀도 크게 문제가 없습니다.

나는 사랑해 너를

너를 사랑해 나는

사랑해 나는 너를

모두 가능합니다. 다 알아듣습니다. 심지어는 주어, 목적어를 생략하고 '사랑해'라고만 해도 다 알아듣습니다. 그러나 영어는 순서가 뒤집히면 안 됩니다.

love you I

I you love

you I love

영어는 반드시 I love you라고 순서대로 말해야 합니다. 요즘 서울시의 표어 I Seoul You가 욕을 먹는 것도 바로 그 때문입니다. 영어를 써서 표현했으니 영어의 문법을 따르면 '나는 너를 서울한다.'인데, 이게 도대체 무슨 말인가요? 서울시의 설명은 '나와 너의 서울'이지만, 극단적으로 창의적입니다. 원어민은 절대 이해 못할 영어입니다. 그런데 굳이 이해하기 힘들게 만들었을까요?

좌우지간 영어는 순서를 지켜야 합니다.

I love mother. 나는 엄마를 사랑해.

I love father. 나는 아빠를 사랑해. (엄마만 사랑하지 말고 아버지도 사랑합시다.)

문장의 5형식을
기억하자

다음과 같은 한국어 문장이 있습니다.

나는 소년입니다.

나는 키가 작은 소년입니다.

나는 서울에서 태어난 키가 작은 소년입니다.

나는 1961년에 서울에서 태어난 키가 작은 소년입니다.

나는 1961년에 서울의 한 부잣집에서 태어난 키가 작은
소년입니다.

나는 1961년에 서울의 딸만 셋 있는 부잣집에서 태어난
키가 작은 소년입니다.

어휘를 계속 추가하다 보니 마치 에스컬레이터를 타고 높은 층으로 오르듯 문장이 길어졌습니다. 결국 "나는 1961년에 서울의 딸만 셋 있는 부잣집에서 태어난 키가 작은 소년입니다."라는 긴 문장이 되었습니다. 이보다 더 긴 문장이 되어도 한국인들은 읽고 이해하고 심지어 말하기에 아무런 어려움을 느끼지 않습니다. 주어, 서술어, 부사어 같은 문장의 성분을 딱히 분석할 필요도 없습니다. 모국어이기 때문이겠죠? 하지만 영어 문장을 이해하기 위해서는 구조를 파악해두는 것이 좋습니다. 영어는 기본적으로 다음과 같은 형태로 되어 있는데, 흔히 문장의 5형식이라고 합니다.

1형식은 주어 + 동사입니다.

I sleep. 나는 잔다.
You eat. 너는 먹는다.

2형식은 주어 + 동사 + 보어입니다.

I am handsome. 나는 잘 생겼다.
You are beautiful. 너는 아름답다.

보어에는 위와 같이 형용사가 올 수 있는데, 다음처럼 명사가 올 수 있습니다.

He is a doctor. 그는 의사다.
She is a lawyer. 그녀는 변호사다.

3형식은 주어 + 동사 + 목적어입니다.

I love him. 나는 그를 사랑해.
She tastes bread. 그녀가 빵을 먹는다.

2형식과 3형식은 비슷해 보이지만 구분해야 합니다. 2형식에서는 주어와 보어 사이에 등식(=)이 성립하지만, 3형식에서 주어와 목적어 사이는 등식이 성립하지 않습니다.

2형식: He = doctor (그가 의사입니다.)
3형식: She ≠ bread. (그녀가 빵이 될 수는 없습니다.)

4형식은 주어 + 동사 + 목적어1 + 목적어2의 어순을 갖습니다.

I give her a flower. 나는 그녀에게 꽃을 준다.

her는 목적어1, 즉 꽃을 받는 대상이며, a flower는 내가 그녀에게 주는 선물, 즉 목적어2입니다. 순서를 뒤집어볼까요?

I give a flower her. 나는 꽃에게 그녀를 준다.

목적어1과 목적어2의 순서를 바꾸었더니 다른 뜻이 되어버립니다. 함부로 순서를 바꾸면 안 되겠네요. 영어는 순서가 중요하니까요. 물론 전치사 to를 쓰면 순서를 바꾸는 것도 가능합니다.

I give a flower to her.

마지막 5형식은 주어 + 동사 + 목적어 + 목적격 보어 순서입니다.

I make her happy. 나는 그녀를 행복하게 만든다.

위 문장에서 her happy는 she is happy의 뜻입니다. 이때

135

happy는 목적어를 도와주는 보어(補語)가 되므로 목적격 보어라고 합니다.

　이상처럼 5형식을 알면 아무리 긴 문장도 이해할 수 있습니다. 원론적으로 그렇다는 말입니다. 실제 영어 문장을 만났을 때 다른 많은 요소들이 앞뒤로 붙으면 무엇이 주어인지 동사인지 보어인지 목적어인지가 헷갈려서 해석이 어렵습니다. 그렇다 해도 일단은 영어 문장이 5형식의 구조로 되어 있다는 것을 기억하면 그리 난공불락은 아니지 않을까요?

영어에는
조사가 없다

알고 보면 한국어는 매우 친절한 언어입니다. 한국어에는 조사가 있습니다. '내가 간다.'라는 문장에서 조사 '가'는 '내(나)'가 주어라는 것을 친절하게 알려주고, '아버지가 물을 마신다.'라는 문장에서 조사 '가'는 아버지가 주어임을, '을'은 물이 목적어라는 것을 알려줍니다.

그러나 영어에는 조사가 없습니다. 이런 점에서 영어는 몹시 불친절한 언어입니다. I, You, He, Youngja, Dongcheol, doctor, teacher 등은 언제나 홀로 있습니다. 그래서 그것이 주어인지 목적어인지 보어인지는 위치로 파악해야 합니다.

반대로 한국어를 배우는 외국인들은 한국어의 조사 때문에 애를 먹는다고 합니다. 어떤 조사를 써야 할지 몹시 헷갈린

다는 것이지요. 한국에서 공부하는 외국 학생들이 쓴 보고서에
서 "세종대왕가 창제한 훈민정음을 세상에 가장 과학적인 문자
다."라든가 "광화문는 경복궁에나 들어가는 대문이다." 같은 표
현을 얼마든지 발견할 수 있습니다. 이는 한국어의 조사에 익숙
하지 않기 때문일 것입니다.

> Dongcheol wants Youngja. 동철은 영자를 원한다.
> Youngja doesn't want Dongcheol. 영자는 동철을 원하지
> 않는다.

위 두 문장을 볼까요? 매우 비극적인 상황입니다. 과연
두 사람의 운명은 어찌될까 궁금하네요. 어쨌거나 첫 문장에
서 주어는 Dongcheol이고 목적어는 Youngja입니다. 두 번째 문
장에서도 Dongcheol과 Youngja가 똑같이 등장하지만, 이번에
는 Dongcheol이 목적어가 되고, Youngja가 주어가 되었습니다.
'은'이나 '가'와 같은 친절한 조사가 없으니 순서나 위치만을 보
고 주어인지 목적어인지를 구분해야 합니다. 몹시 불친절하죠?

영어에는
전치사가 있다

한국어에는 전치사가 없습니다. 전치사가 없어서 불편할 것 같지만 절대 그렇지 않습니다. 전치사가 없어도 조사의 활약이 눈부시기 때문입니다.

나는 학교에 갔다.

'~에'는 공간이나 시간을 나타내는 조사입니다. 그런데 영어에서는 학교, 즉 school 앞에 전치사가 옵니다.

I went to school.

만일 to 빼고 I went school이라고 하면 문법에 맞지 않는 문장이 되어버립니다. 반드시 to를 넣어야 제대로 된 문장이 됩니다.

Youngja slept at school. 영자는 학교에서 잤다.

'왜 학교에서 잤을까?' 하는 엉뚱한 상상은 하지 말고, 영어에 집중해볼까요? 위 문장에서는 to가 아니고 at이 옵니다. 이것은 전치사의 형태가 한 가지가 아니기 때문입니다. 즉 to와 at의 의미는 다른 것이죠. to는 '~로'를 뜻해 방향이나 목적지를 나타내주기 때문에 '학교로 간다'는 의미를 분명하게 전달해줍니다. 반면에 at은 '~에/~에서'를 뜻해 장소를 나타내주어 '학교라는 장소에서' 뭔가 일이 있거나 벌어지고 있다는 것을 표현해줍니다.

위 문장에 전치사 in을 쓸 수도 있습니다. Youngja slept in school. 일단 학교에서 잤다는 뜻인데, 꼬치꼬치 따져서 표현하자면, 'at'은 학교의 어디인지는 몰라도 '학교에서'를 나타내고, 'in'은 학교 바깥도 아니고 분명히 '학교 안에서'를 의미하는 것이라고 볼 수 있습니다. 무슨 차이가 있을까요? 다음 두 문장을 비교해보겠습니다.

① I teach English at my school.

①번 문장은 '나는 학교에서 영어를 가르친다'는 뜻입니다. 전치사 at이 들어간 이 문장은 학교라는 특정한 장소에서 영어를 가르친다는 것이 아니고, 학교에서 '영어를 가르치는 교사'라는 의미로 파악해야 합니다. "저, 학교에서 영어 가르쳐요."라고 말할 때와 같은 것이지요.

② I was teaching English in my school (campus).

'나는 학교 안에서 영어를 가르치고 있었다.'로 해석해야 하는 ②번 문장에서 전치사 in은 주어인 '나'가 교사라는 사실을 강조하는 것이 아니고, 그때 학교 밖에서 학부형들이 데모를 하고 있었는지 호떡집에 불이 났는지 정확한 상황은 설명되어 있지 않지만, 그 순간 영어를 가르치고 있던 곳이 '내 학교 안 어딘가'를 의미합니다. at과 in, 바로 이런 미묘한 차이 때문에 영어가 어렵습니다. 실제로 한국인들은 전치사 때문에 끊임없이 실수를 합니다.

나에게 말해라. → Talk to me. (O)

한국어 '~에게'에 해당하는 전치사 to를 썼습니다. 이 경우는 전치사를 잘 썼습니다. 그런데 다음 문장을 볼까요?

나에게 말해라. → Tell to me. (×)

동사 talk를 쓸 때는 자연스럽게 들어가는 to가 tell을 쓸 때는 들어가지 않는답니다. 왜 그런지 이유를 알 수 없습니다. 이런 때는 그냥 기억하는 수밖에 뾰족한 수가 없는데, talk와 tell이 비슷하기 때문에 to를 넣어야 할지 말지 몹시 헷갈립니다. 이럴 때는 한석규 주연의 영화 〈텔 미 썸딩〉을 생각합니다. 'Tell me something' tell과 me 사이에 전치사 to는 없습니다.

나는 너희와 어울리고 싶다. → I want to join with you. (?)

'너희' 다음에 붙은 우리말 조사 '~와' 때문에 전치사 with를 사용했지만, 아쉽게도 틀렸습니다. join 다음에 사람이 오면 with 없이 그냥 씁니다. 이것도 그냥 기억하는 수밖에 없

는데, 이때는 5060에게 아주 익숙한
옷 브랜드를 기억하면 도움이 됩니다.
"트렌디하면서도 심플하고 편안한 느

JOINUS

낌으로 도시 여성의 지적인 삶과 이미지를 표현하는 합리적인
럭셔리 여성정장"이라는 '조이너스(Joinus)'입니다. join 다음에
with 없이 us를 붙여 이름을 만든 것이지요.

나는 너희와 어울리고 싶다.
→ I want to join you. (O)

공부를 하다 보면 왜 똑같은 to가 들어가기도 하고 안 들어
가기도 하는지, 왜 on이 오고 왜 in은 안 되는지, 왜 for는 그렇
게 여러 가지 의미로 해석이 되는지, 언제 with를 쓰고 언제는
of를, 또 어떤 때 from을 써야 하는지 엄청 헷갈립니다. 그래서
영어 고수들은 한결같은 훈수를 두지요. 전치사를 정복하면 영
어는 끝이라고 말입니다. 아, 망할 놈의 전치사여!

발음은 언제나
자신 있게 또박또박

2018년 현재도 인기가 식을 줄 모르는 개그맨 이경규 씨는 '쿵쿵따리 하면서 띠용'이란 유행어로 얼굴을 알리기 시작했습니다. 한때 장안의 화제였던 몰래 카메라로 톱스타의 자리에 올랐고, 양심냉장고로 웃음뿐만 아니라 감동의 눈물의 선사했습니다.

혹시 이경규 씨가 "우두유라이크어커피? 이거 영어 아니죠! '우주라이커커휘!'가 진짜 영어입니다."라고 얘기한 것을 기억하는 분이 계실까요? 영어 강사도 아닌 이경규 씨가 콩트에서 이런 얘기를 한 것은 민병철 교수의 발음 학습에서 나온 것이었습니다.

그렇다 해도 그 콩트가 5060의 혀가 얼마나 뻣뻣했는지 확인시켜주는 것 같아 마음껏 웃을 수가 없습니다. 하지만 어색한 발음이 5060의 잘못만은 아닙니다. 요즘에야 드라마, 영화, MP3, 유튜브 등등 언제든지 원어민들의 발음을 들을 수 있지만, 5060에게는 테이프가 고작이었고, 그나마 고가의 테이프를 맘껏 살 수 있는 이들은 소수였습니다. 대부분의 5060은 선생님이 칠판에 한글로 적어주는 '아이 엠 고잉 투 스쿨'과 책과 사전에 의지해 공부할 수밖에 없었습니다.

그래서 그런 말들을 합니다. 영어 공부는 가진 자가 유리하다고 말입니다. 돈이 들기는 하지요. 학원도 다녀야 하고, 책도 사야 합니다. 단어를 잘 암기하게 해준다는 희한한 기계도 고가에 팔고 있습니다. 지금도 외국으로 유학이나 어학연수를 가는 학생들은 그만한 경제력이 있는 집 자제들입니다. 돈이 없으면 비행기를 타기 어렵고, 학교와 학원, 인터넷, 유튜브 등에 의지해야 합니다. 절대 흔쾌히 인정할 수 없지만 금수저가 흙수저보다 훨씬 유리해 보입니다.

어쨌든 5060의 발음이 촌스럽다, 투박하다, 알아들을 수 없다는 기분 나쁜 평도 듣습니다. 혀가 뻣뻣한 탓이 크지만 그 때문만은 아닙니다. 정확한 발음을 들은 적이 없고, 어떻게 발음하는지 방법을 모르고, 제대로 연습한 적도 없습니다. 원인이 3가지라면 문제를 해결하는 방법도 3가지입니다. 정확한 발음을 들으면 되고, 정확히 발음하는 방법을 배우면 되고, 정확한 발음이 나오도록 연습하면 됩니다. 다행스러운 것은 예전과 달리 돈 안 들이고 공부할 수 있는 환경이 만들어졌다는 것입니다.

① 정확한 발음 듣기

포털사이트에서 제공하는 어학사전을 활용한다.

간혹 스펠링대로 영어 단어를 외우기는 했지만 도통 어떻게 발음하는지 모를 때가 있습니다. 그때는 인터넷을 켜고 네이버나 다음 같은 포털사이트에서 제공하는 어학사전을 활용하면 됩니다. 알고 싶은 단어를 찾고 그 단어 옆에 붙은 작은 스피커를 딸깍 누르면 원어민의 발음을 들을 수 있습니다. 간단한 예문은 문장 전체를 읽어주기도 합니다.

팟캐스트의 영어 강의를 활용한다

요즘은 휴대전화 하면 스마트폰을 가리킬 정도가 되었습니다. 전화의 기능뿐만 아니라 인터넷 검색을 자유롭게 할 수 있으니 손 안에 작은 컴퓨터를 가지고 다니는 셈이죠. 저는 스마트폰으로 할 수 있는 일 중 가장 반가운 일 중 하나를 팟캐스트라고 꼽습니다. 개인 채널이라고 할 수 있는 팟캐스트는 시사, 교양, 생활정보 등 다양한 콘텐츠를 제공합니다. 그중 어학 강의를 하는 팟캐스트들이 많은데, 이 팟캐스트를 활용하면 어학 학습에서 많은 도움을 받을 수 있습니다. 팟캐스트의 영어 강의에는 원어민이 출연하는 것도 많습니다. 직접 출연하지 않더라도 원어민의 말소리를 들려주므로 발음을 익히기에는 더없이 좋은 학습 도구입니다.

영화나 미드를 활용한다

영화나 미드를 통한 영어 공부는 많이 알려진 공부법입니다. 좋아하는 영화나 미드를 즐기면서 수많은 원어민들의 현지 발음을 익힐 수 있습니다. 영화나 미드는 기본적으로 스토리가 있으므로 상황에 따라 등장인물들의 자연스러운 대화를 들을 수 있습니다. 때에 따라서는 영국식 발음도 들을 수 있고 사투리까지 들을 수 있으니 영어 본고장에서 실제 사용되는 말과 발음을 듣는 겁니다. 처음에는 한글 자막이 있는 것으로 보다가 점차 영어 자막이 있는 것으로 옮겨가면 영어 공부에 더 도움이 될 것입니다.

② 정확히 발음하는 방법

외국어를 정확히 발음하기는 쉽지 않습니다. 많은 훈련이 필요하지요. 한글은 매우 풍부한 소리를 갖고 있어 음폭이 넓습니다.

한국인은 위대한 한글 덕분에 혀가 부드러운 편인 거죠. r 발음이 안 된다고 아이들의 설소대를 잘라내는 야만 행위를 서슴지 않는 한국인도 있었지만, 일본인들의 발음과 비교하면 이런 사실을 금방 확인할 수 있습니다.

일본인들은 외국어를 학습할 때 근본적으로 모국어의 한계에 부딪힙니다. 모음 5개, 단순 자음 14개, 복잡한 자음 12개 정도에 불과한 모국어의 장벽에서 빠져나오지를 못합니다. 외국에서 생활하거나 공부한 사람들 외에는 대부분 그렇습니다. 'the'를 '자'라고 발음하기도 하고 알파벳 'a'는 모두 'ㅏ'로 발음하려고 합니다. Handle을 '한도루'라고 읽고 Mcdonald를 '마꾸도나르도'로 읽습니다. 영어 단어의 원래 발음과 차이가 많지요.

한국인들은 축복받은 민족입니다. 그러나 분명한 것은 발음하는 방법을 알아야 한다는 것입니다. 한국인에게 th나 f, v 등은 소리를 낸다기보다는 만드는 것에 가깝습니다. 그런 소리를 내본 적이 없기 때문입니다. th는 윗니와 아랫니 사이에 혀를 집어넣어 살짝 물고 소리를 내야 합니다. three, thirsty, bath, breath 등이 그렇습니다.

th가 앞에 있을 때와 뒤에 있을 때의 차이도 큽니다. 앞에 있을 때는 다음 소리로 넘어가야 하므로 물었던 혀를 놔야 하지만, 뒤에 있을 때는 혀를 문 채 멈춰야 합니다. 이렇게 소리 내기는 결코 쉽지 않습니다. 게다가 문장 속에서 다음 단어와 연음이 되는 상황이라면 더더욱 쉽지 않지요.

f와 v를 발음할 때는 윗니로 아랫입술을 물었다 놓으면서 소리를 내야 합니다. fine, family, form, half, awful, vanilla, verb, above, prevent, preserve 같은 소리가 그렇습니다. f와 v가 앞에 있으면 조금 낫지만 중간이나 뒤에 있으면 훨씬 더 어렵습니다. 제대로 발음하려면 신경을 곤두세워야 할 정도입니다. 까다로운 이유는 우리말에 이런 소리가 없고, 이런 식으로 입 모양을 만들면서 내본 적이 없기 때문입니다. 그래서 연습이 필요합니다.

③ 연습하기

발음 공부는 앞서 th와 f, v처럼 소리를 내는 방법을 알아야 하고 그에 따라 연습을 반복해야 합니다. 서점에는 '기적의 영어 발음공식', '1시간에 끝내는 영어 발음', '영어 발음의 이해와 지도', '네이티브 영어발음 3단계 트레이닝' 등 참고할 수 있는 수많은 영어 발음 학습서가 나와 있습니다. 케임브리지 대학에서 만든 《Pronunciation Pairs》란 책도 있습니다.

어떤 것도 좋지만, 쉬운 방법을 택할 것을 권합니다. 이론 중심으로 설명하는 어려운 교재로 공부하다가 자칫 절망할 수도 있습니다. 인강이나 팟캐스트를 들으면 강사들이 발음에 대해서도 친절하게 설명해줍니다. 2018년 1월 현재 팟빵에는 발음 학습을 목표로 방송하는 '김일승강사와 함께하는 영어발음 끝내기', '1시간에 끝내는 영어발음', '글로벌어학원 말로 배우는 영어' 등이 있는데, 이런 강의를 청취하면서 정확한 발음을 연습할 수 있습니다.

다시 한번 강조하지만 발음 학습에서 중요한 것은 정확한 방법으로 정확한 소리를 내야 하고, 끊임없이 따라 해야 한다는 것입니다. 이때 목소리를 크게 내야 합니다. 부끄럽다거나 자신이 없다고 모기 목소리로 연습하는 것은 전혀 도움이 되지 않습니다. 거울을 보면서 입 모양을 점검하고 녹음을 해서 자신의 발음을 확인하는 것도 좋은 방법입니다. 아무리 좋은 교재나 영상자료라도 눈으로 보기만 하면 아무 소용이 없습니다. 몸에 익을 수 있도록 끊임없이 따라 하고, 확인해야 합니다. 그래야 하늘이 도와줍니다. 하늘은 스스로 돕는 자를 돕는다고 하니까요.

아이 엠 어 스튜던트

요즘 휴대전화가 정말 똑똑합니다. 훌륭한 녹음 기능이 장착되어 있는데, 이 녹음 기능을 영어 공부에 활용하면 아주 좋습니다. 발음 연습을 하는 것이죠. 녹음된 자신의 목소리를 재생하여 들으면, 대부분 엄청난 좌절을 느낄 것입니다. 저도 그랬습니다. '이거 정말로 내 목소리 맞아? 이렇게 촌스러운가?' 믿을 수 없을 정도였습니다. 명색이 마이크를 잡고 살아온 사람인데 말입니다. 놀리는 사람이 없는데도 얼굴이 화끈거렸습니다. 하지만 그렇다고 물러서면 안 되지요. 절대 포기하지는 않기로 했습니다.

다시 연습을 하고 녹음해서 들어보고, 반성하고 또 연습하고, 또 다시 녹음해서 들어보고 낙담하고, 또 연습하고 다시 녹음해서 들어보았습니다. 제대로 안 될 때는 땅이 꺼지도록 한숨 한 번 크게 쉬고 다시 시작했죠. 다시 그렇게 또 연습하고 녹음해서 들어보기를 반복했더니, 어느 날 '나이 드신 분들 발음이 좀 그런데, 그런 대로 괜찮네요.' 하는 소리를 들었습니다. 아, 부끄럽지만, 기분이 좋았습니다.

만일 열심히 연습을 하는데도 혀가 부드러워지지 않고, 발음이 투박하다고 느낀다 해도 스트레스를 받을 이유는 없습니다. 반기문 전 유엔사무총장의 영어가 최고급이라는 것은 외국인들도 인정하는 사실이지만 발음은 왠지 5060스럽게 구수하고(?) 친근합니다. 만일 원어민처럼 발음하는 것이 절대적으로 필요한 것이라면, 과연 반 총장이 외교관으로서 국제무대에서 활동할 수 있었을까요?

발음이 좋아야 한다고는 합니다. 내가 이야기하는 걸 상대가 알아들을 수 없다면 아무 소용없으니까요. 적어도 상대가 알아들을 수 있어야 대화가 이어집니다. 그게 의사소통이지요. 원어민이 아닌 이상, 어렸을 때부터 그 동네에서 성장하지 않은 이상 많은 연습이 필요합니다. 혀가 부드러워질 때까지 무한반복만이 정답입니다.

Do you have time?
No, I don't.
Would you like wine?
Yes, I would.

그렇지만 발음보다 더 중요한 것은 영어를 구사할 수 있는 능력이라고 합니다. 발음이 좀 어색해도 의미를 전달할 수 있는 문장을 만드는 능력이 훨씬 중요합니다. 5060에게 친숙한 로버트 할리 씨나 이다도시 씨는 한국어를 유창하게 구사하지만, 아무래도 발음은 한국어 원어민과는 많이 다릅니다. 그래도 소통에 큰 문제가 없습니다. 그들이 한국어를 아주 잘 구사하기 때문입니다.

세계에는 많은 영어 화자들이 있습니다. 영어의 본고장인

영국이나 미국뿐만 아니라 캐나다, 호주, 유럽의 여러 나라들과
홍콩과 싱가포르 그리고 모국어와 함께 영어를 공용어로 하는
인도나 필리핀 등 각지에서 다양한 영어가 통용되고 있습니다.
영어를 잘하는 한국인과 중국인, 일본인도 있습니다. 이들의 영
어가 아무리 유창해도 어딘가 인도스럽고 필리핀스러운, 한국
스럽고 일본스러운 발음이라는 것은 분명한데 서로 큰 무리 없
이 소통하고 있습니다.

짧은 문장에서
긴 문장으로

각자 차이는 있지만 대부분 긴 문장에는 약해도 짤막한 문장마저 두렵지는 않습니다. Yes, No, Thank you, Welcome, How are you, Fine 정도는 다 합니다. Long time no see라는 표현은 얼핏 콩글리시 같지만, '오랜만이야'라는 뜻의 정확한 영어 표현입니다. 이런 표현들이 의외로 많습니다.

Take care. 잘 지내.

What a small world! 세상 참 좁네요.

Have fun. 재미있게 지내.

No problem. 문제없어요.

Cheer up. 힘내.

Go for it. 계속해. (우리가 흔히 쓰는 파이팅에 대응하는 영어 표현입니다.)

Take your time. 서둘지 마.

이런 정도라면 Thank you나 How are you처럼 외울 수 있습니다. 문제는 I read everything I can get on my hands(나는 내 손에 들어오는 것은 다 읽는다.)처럼 조금이라도 길어질 때입니다. 간혹 '에이, 이것도 그냥 외워버리지 뭐.' 하는 분들이 있는데, 절대로 외워서 해결될 일이 아닙니다.

'나는 너를 좋아해.'는 'I like you.'라고 하면 됩니다. 만일 여기에 '미치도록'이란 표현을 추가하고 싶다면 어떻게 해야 할까요? badly(몹시)를 넣으면 됩니다.

I badly like you.

'badly를 넣으면 된다.'는 것을 아는 게 핵심이고 실력이고 기술입니다. 그런데 여기에 '지금도'라는 말을 추가해서 '나는 지금도 너를 미치도록 좋아해.'라고 말하고 싶다면, still을 하나 더 추가하면 될 것입니다.

I still badly like you.

　　이 정도 길이의 문장이라면 그냥 외우면 되겠다 싶지만, 중요한 것은 외우는 것이 아니고 하고 싶은 말을 만들 수 있는 어휘력과 새로운 어휘나 패턴 등이 들어갈 적절한 위치를 찾는 능력입니다.

　　위와 비슷하지만 조금 다른 표현이 있습니다. '나는 너를 쭉 좋아하고 있어.' 이 경우는 현재완료시제를 써서 표현해야 하는데, 현재완료시제라면 왕년에 'have + pp'라고 배웠던 공식에 넣으면 됩니다.

현재완료 : have (has) + 과거분사

과거의 일이 현재까지 영향을 미치는 일을 나타낸다.

(2) 계속 : '~해오고 있다'의 의미로 보통 for, since, how long 등과
　　함께 쓰인다.

I've lived here since I was born. How long have you been here?

나는 태어난 이후로 쭉 여기에 살았다. 너는 여기에서 얼마나 오래 지냈니?

　　　　　　　　　　– 출처 : 천재교육 편집부, 《과목별 학습백과 영어 문법 (Hello Grammar)》

그러니까 그냥 I like가 아니고 I have liked you가 되어
야 할 것입니다. 이 문장에 '미치도록'을 넣고 싶다면, 여기에도
badly를 사용하면 됩니다.

I have badly liked you.

상자 안의 설명처럼 현재완료는 for, since, how long 등과
자주 쓰이는데, '너를 처음 본 이후로 나는 쭉 너를 미치도록 좋
아하고 있어.'라는 문장은 다음과 같이 말할 수 있을 것입니다.

I have badly liked you since I saw you first.

문장이 상당히 길어졌는데, 이런 것도 그냥 외워야 할까
요? 거듭 강조하지만 조금씩 길어지는 문장을 표현하는 능력은
암기에서 나오는 것이 아니고, 어휘력과 위치 찾기 능력, 응용력
등에서 나오는 것입니다.

위 문장의 경우에는 I have badly liked you라고 말한 후에
'이후로'라는 의미를 갖는 since를 써야 한다는 것, 그리고 그 뒤
에 '내가 너를 봤다'는 뜻의 I saw you를 붙이고, 마지막으로 '처
음'에 해당하는 first를 사용하면 된다는 것을 알아야 합니다. 그

리고 이러한 방법을 차츰차츰 머리와 입으로 익혀나가야 한다
는 것입니다.

I like you.

→ I badly like you.

→ I still badly like you.

I have liked you.

→ I have badly liked you.

→ I have badly liked you since

→ I have badly liked you since I saw you

→ I have badly liked you since I saw you first.

길을 가다 멋진 분을 만나 데이트 신청을 하고 싶다면 어
떻게 해야 할까요? 우선 Excuse me라고 말합니다. 그다음은요?
자기소개부터 해볼까요?

Excuse me. I'm Jaehwan Jung. I'm a teacher.

그다음은 '데이트 하고 싶다'는 표현을 해야 할 것입니다.

'~ 하고 싶다'는 뜻의 유용한 패턴 'I'd like ~'를 사용할 수 있고, to date you를 쓰면 됩니다.

I'd like to date you.

만일 상대가 당황해서 우물쭈물하거나 거절한다면 전화 번호라도 물어보고 싶을 것입니다. '전화번호를 알려주시겠습 니까?'라는 말은 유용한 패턴 'May I have ~'를 쓰면 되고, 뒤에 your phone number를 붙이면 됩니다.

May I have your phone number?

아차, 상대가 이것마저 거절하면 어찌할까요? 명함을 건네 며 전화를 걸어달라고 부탁할 수도 있을 것입니다. 이때는 명함 을 건네며 'This is ~'를 사용할 수 있고, my business card를 쓰 면 될 것입니다.

This is my business card.

그리고는 '~ 해주시겠습니까'라는 뜻으로 많이 쓰는 유용한 패턴 'Would you ~'를 쓰면 됩니다.

Would you call me, please?

거듭 강조하지만, 중요한 것은 어떤 상황에 놓였을 때 필요한 표현을 만들어낼 수 있는 능력입니다. 모든 문장을 외울 수도 없고, 외우는 방식으로 해결할 수 없습니다. 단어, 유용한 패턴, 어순 등을 맞춰가며 말할 수 있는 능력을 키워야 합니다. 이런 능력은 어떻게 키울 수 있을까요? 짧은 문장부터 시작해서 긴 문장으로 차근차근 길이를 늘려나가는 연습을 꾸준히 하면 됩니다. 원어민들이 쓰는 영어를 몽땅 암기할 수 없으므로 점점 더 길게 말하는 '능력'을 키우는 것이 핵심입니다.

외우기만 한다고?
대화를 떠올리자

《영어책 한권 외워봤니?》의 저자 김민식 피디는 기초회화책 한 권을 통째로 외우면 말문이 트이고 영어울렁증에서 벗어날 수 있다고 합니다. 아무리 기초회화라고 해도 어떻게 책 한 권을 통째로 외울 수 있을까요? 가뜩이나 기억력을 의심하는 5060에게 한 권을 몽땅 외우는 것은 영 엄두가 안 나는 일입니다. 하지만 5060에게는 나름의 능력이 있습니다.

5060은 좋아하는 시나 노래 가사를 외운 경험이 풍부합니다. 노래방 기계가 친절하게 가사를 보여주기 전까지 노래 가사가 아무리 길어도 전부 외웠습니다. 시험을 볼 때는 '1443년 세종 훈민정음 창제, 1446년 반포, 최만리 창제 반대, 신숙주·성삼문·박팽년·이개·정인지 등 집현전 학사 훈민정음으로 용비어천가·동국정운·석보상절 등 편찬' 같은 내용을 달달달 외웠을 것입니다.

저는 직업상 대본을 외웠고, 서양사 시험을 볼 때는 미리 요점 정리한 내용을 방송 대본을 외우듯이 암기해 답안지를 작성했습니다. 연극 〈굿 닥터〉 공연을 시작할 때 두꺼운 대본을 받아 들고, '이걸 다 어떻게 외우지?' 하는 공포를 느끼기도 했으나, 공연 연습을 하는 석 달 동안 아침저녁으로 시도 때도 없이 반복하니 결국 다 외웠습니다. 그렇지만 영어책 한 권을 다 외운 적은 없습니다.

방위병 시절... 출근 전에 외운 영어 문장을 기억에서 불러내 혼자 소리 내어 외웠습니다. 기억이 안 날 때를 대비해 손바닥으로 가릴 만한 조그만 종이쪽지에 영어 키워드와 한글 키워드를 적어뒀어요. 처음엔 영어 키워드를 보고 문장을 불러내고, 익숙해지면 한글 키워드를 보며 영어를 기억에서 인출했습니다. 나중에는 첫 단어만 봐도 한 과의 전체 문장이 술술 흘러 나왔어요. 하루에 10문장씩 외우는 건 일도 아니더군요. 꾸준히 계속하니 한 달에 300문장, 1년에 3,600개 문장을 외울 수 있었는데 실제로는 더 많이 외웠어요. 뒤로 갈수록 더 잘 외워졌거든요.

《영어책 한 권 외워봤니?》

그가 영어를 정복한 과정을 보면 이것이 성공과 실패의 갈림길이라는 생각이 듭니다. '책 한 권을 다 외운 그는 성공했고, 그러지 않았거나 못한 5060은 실패했다?' 제 생각에 그가 성공한 또 하나의 결정적 이유는 초등학교 6학년 때부터 중단 없이 열심히 했다는 것이지만, 성공한 사람의 조언은 귀담아 듣는 게 좋으니, 오늘부터라도 책 한 권 붙들고 외우는 것도 도전해볼 만한 일입니다.

책 한 권이 두렵다면 네이버에서 1년 365일 제공하는 '오늘의 영어회화'를 활용하는 것도 좋습니다. 날마다 유용한 대화가 제공되니, 컴퓨터나 휴대전화를 이용해서 한번 해보세요. 다음은 네이버의 '오늘의 영어회화'에 나왔던 엄마와 아들의 대화입니다.

엄마 : Hello, hon. Is something wrong? 얘야, 무슨 일이 있니?

아들 : Can I skip my English academy today? 저 오늘 영어학원
　　 안 가도 되나요?

엄마 : What? Are you kidding me? You're calling me to ask that?
　　 뭐라고? 너 농담하니? 그거 물어보려고 전화한 거야?

아들 : I didn't do my homework. My teacher is going to kill me.
　　 숙제를 안 했어요. 선생님께서 절 가만히 놔두지 않을 거예요.

hon은 honey를 줄인 말입니다. 첫 대사에 나온 Is some-
thing wrong?은 누구에게나 쓸 수 있는 유용한 표현입니다.

Is something wrong with you? 너한테 무슨 일 있니?

Is something wrong with mother? 엄마한테 무슨 일 있어
요?

'can I skip ~'은 ~을 하지 않아도 되냐고 묻는 표현입니다.
무엇이든 하기 싫을 때 이 문장으로 물어보면 됩니다.

Can I skip my exercises today? 저 오늘 운동 빼먹어도 되
나요?

Can I skip dinner please? 저 저녁 안 먹어도 되나요?

Are you kidding me?는 상대가 황당한 얘기 혹은 예상 밖
의 이야기를 했을 때 자주 사용합니다. You're calling me to ~?
는 '~ 하려고 나한테 전화했어?'라고 물을 때 사용합니다.

You're calling me to cancel our plan?
너, 우리 약속 취소하려고 전화한 거야?

You're calling me to say sorry?

너, 미안하다고 얘기하려고 전화한 거야?

'I didn't do ~'는 ' ~을 하지 않았다'는 표현입니다.

I didn't do my work.

나는 일을 하지 않았어.

I didn't do my house chores.

나는 집안일을 하지 않았어.

'My teacher is going to ~'는 '선생님이 ~를 할 거예요'라
는 표현입니다. 위 대화에서 아들이 to 다음에 kill을 써서 죽일
거라고 말했지만, 실제로 그럴 거라는 뜻은 절대 아닙니다. 한국
인들도 '너 죽을래? 너 죽고 싶니? 죽는 수가 있어' 같은 겁나는
말을 예사로 쓰니까요.

My teacher is going to finish our class.

선생님은 수업을 끝내려고 해요.

My sister is going to marry Shin Seong-il.

여동생이 신성일하고 결혼하려고 해요.

요점은 위 대화에 등장한 표현들을 문장 단위로 외우는 것에서 끝내는 것이 아니고, 대화 전체를 외워야 한다는 것입니다. '하루 10문장씩 외우는 건 일도 아니다'라고 한 영어 고수들의 훈수에 비해 달랑 4줄이니 그렇게 어렵지 않습니다. 오전에 외우고, 틈날 때마다 입으로 중얼거리면 됩니다.

외울 때는 대화가 이루어진 상황과 맥락을 파악하는 것이 좋습니다. 위 대화는 아들이 전화를 걸자, 엄마가 무슨 일이 있느냐고 물으면서 시작합니다. 아들은 학원 안 가도 되느냐고 묻고, 놀란 엄마는 좀 짜증스러운 목소리로 대응합니다. 그러자 아들은 숙제를 못했고, 선생님이 자신을 가만히 안 둘 거라고 말하고 있습니다.

자식과 부모가 나눌 수 있는, 세상 어디서나 볼 수 있는 익숙한 장면입니다. 외운 것을 다시 기억하려고 하는데 첫 문장이 생각나지 않는다면, '아, 아들이 전화를 했고, 엄마가 무슨 일이냐고 묻는 거였지!' 하고 상황을 떠올리며 차분하게 두 사람의 대화를 복원하면 됩니다. 이때 중요한 것은 상황을 이해하고 상황에 맞는 대화를 끌어내는 일입니다.

그렇습니다. 외울 때나 기억할 때나 마치 배우가 연기를 하는 것처럼 감정을 살려서 하면 더욱 좋습니다. 발음, 문장, 감정 등등을 한꺼번에 연습할 수 있으니까요. 이렇게 연습하면 발음,

문장을 한꺼번에 해결할 수 있습니다. 적어도 그 문장 하나만은 원어민처럼 말할 수 있을 것입니다. 그러다 보면 훗날 영어 연극에 출연해 달라는 제안을 받을지도 모릅니다. 한 10년 뒤에는 은막의 무대에서 제2의 인생을 시작할 수도 있을 것입니다. 10년 뒤는 너무 멀다고요? 아닙니다. 우리는 지금 100세 시대를 살고 있으니까요.

영어 실력
한 뼘 키우기

여러 공부 방법이 있고, 공부할 환경은 예전보다 눈부시게 좋아졌는데도 영어 공부는 결코 쉽지 않습니다. 저의 솔직한 고백입니다. 그래도 즐겁게 하고 있습니다. 처음에는 짧은 문장도 이해가 안 되었습니다. 어디부터 시작해야 할지도, 어느 만큼 해야 할지도 몰라 짜증이 날 지경이었습니다. 하지만 끈기를 갖고 계속하니, 요즘은 조금 긴 문장도 무슨 얘기인 줄은 알 것 같습니다. 역사든 일본어든 영어든, 끈기가 최고의 요령입니다. 분명 공부는 엉덩이로 하는 것이지만, 그래도 효율적인 방법을 찾아야 합니다.

5060의 공부에서 가장 좋은 것은 시험을 걱정하지 않아도 된다는 점입니다. 대학입학 시험이나 토익, 토플 시험을 굳이 보지 않아도 된다는 것이죠. 그러므로 5060은 점수를 올리는 학습은 필요 없습니다. 5060에게 보편적으로 필요한 영어 능력은 읽기와 말하기입니다. 팟캐스트 방송에도 말하기 능력을 향상시키는 것을 목표로 하는 것이 많습니다.

① 읽기

김 피디는 읽기 교재로 《리더스 다이제스트》를 추천합니다. 1922년에 미국에서 창간된 포켓판 잡지로, 책이 작아서 휴대가 간편했지요. 한국에서는 1978년에 영한대역판이 발간되었습니다. 저는 이 책을 개그맨으로 한창 활동하던 20대에 열심히 읽었습니다. 물론 한국어판이었지요.

건강, 동물, 취업 정보, 문학, 역사, 문화 등 다양한 주제의 정보를 제공했는데, 기억나는 것은 극한의 위기에서 살아난 사람들의 이야기와 유머였습니다. 책이 배달되면 유머를 제일 먼저 찾아 읽었습니다. 영·미인들의 유머감각은 한국인과는 달랐지만, 수준 높은 내용이 많았습니다.

기억을 되살려 영국 정치인들에 관한 얘기를 하나 소개합니다. 의사 출신의 의원이 있었습니다. 소속이 여당이었는지 야당이었는지 기억할 수 없으니, 그냥 반대당의 B의원으로부터 비방을 받았다고 하죠. 이 B의원이 'A는 의사가 아니고, 수의사다'라고 비방했습니다. 그러자 A의원이 침착하게 대꾸했습니다.

"네, 저는 수의사입니다. B의원께서도 불편한 곳이 있으면 언제든지 오세요. 봐 드리겠습니다."

한국판 《리더스 다이제스트》는 2009년 12월을 끝으로 발행이 중단되었지만, 온라인(https://www.rd.com/)에서 영문으로 읽을 수 있습니다. 건강, 음식, 충고, 문화, 진짜 이야기 등등 여러 항목이 있는데, 그중 〈우스갯소리〉에 실린 이야기를 하나 읽어보겠습니다.

Forgetful Dog

A dog walks into a butcher shop and the butcher asks, "What do you want?" The dog points to steak in a glass case.

"How many pounds?" The dog barks twice. "Anything else?" The dog points to some pork chops and barks four times. So the butcher wraps up a two-pound steak and four pork chops, and places the bag in the dog's mouth. He then takes money from a purse tied around the dog's neck, and sees him out.

A customer, who has been watching in amazement, follows the dog to a house several blocks away, where it rings the door bell to be let in. As the owner appears at the door, the customer says, "What a remarkable dog?"

"Remarkable?" snorts the owner. "This is the second time this week he's forgotten his keys."

건망증이 심한 개

개가 정육점으로 걸어 들어가자, 주인이 물었다. "무엇을 원하니?" 개는 진열장 안에 있는 스테이크를 가리켰다.

"몇 파운드?" 개가 두 번 짖었다. "그 밖에는?" 개가 폭찹을 가리키면서 네 번 짖었다. 그러자 주인은 2파운드의 스테이크와 4개의 폭찹을 포장해서 개가 물고 있는 가방에 넣어주었다. 그리고 개 목에 걸린 지갑에서 돈을 꺼냈고, 개는 뒤돌아 나갔다.

이 모습을 보고 있던 한 남자가 개를 뒤따라갔다. 개는 한 집 앞에서 초인종을 울렸다. 개 주인이 문을 열자, 그 남자가 말했다. "정말 비범한 개입니다!" "비범하다고요?" 개 주인이 씩씩거리며 말했다. "이번이 이 개가 집 열쇠를 잊어버린 두 번째입니다."

개 주인은 화를 내고 있지만 화를 낼 만한 일인가 싶습니다. 어쩌면 개한테 5060이 두려워하는 치매가 찾아왔는지도 모릅니다. 그런데 제 눈에는 그 개가 대견해 보이네요.

우스갯소리만 틈틈이 읽어도 읽기 실력이 쑥쑥 올라갈 것 같습니다. 이 사이트를 자신의 '즐겨찾기'에 등록해놓고 자주 방문해보세요. 리더스 다이제스트 모바일 사이트를 휴대전화에 즐겨찾기 해놓으면 전철에서도 읽을 수 있습니다.

이 밖에도 온라인에서 CNN 뉴스, BBC 뉴스 등 많은 영문 자료를 무료로 볼 수 있습니다. 〈브레이킹 뉴스 잉글리시 (Breaking News English)〉(온라인 사이트 https://breakingnewsenglish. com/)에서는 학습자가 자신의 실력에 맞춰 볼 수 있도록 레벨 1~6까지 수준에 따라 분류한 뉴스를 제공합니다. 본문에 관한 질문, 단어, 표현, 괄호 넣기 등 공부거리까지 제공해서 영어를 공부하는 사람들에게는 아주 좋은 학습자료입니다. 영어를 처음부터 시작하는 5060이라 해도 두려워 말고 레벨1부터 시작하면 됩니다. 시간이 지날수록 레벨 2, 3, 4, 5, 6으로 올라가는 자신을 발견하게 될 것입니다.

글을 읽다 보면 모르는 단어와 부딪히게 될 것입니다. 이럴 때는 바로 사전을 찾기보다 문장 전체를 찬찬히 살펴보면서 그 단어의 뜻을 추측하는 것이 좋습니다. 사전을 찾으면 금방 해결되겠지만, 스스로 의미를 추론해보다 보면 어느덧 뜻이 통하기도 하니까요.

Every summer I aim to go backpacking without kids at least once.

위 문장에서 aim은 처음 보는 단어입니다. aim 때문에 해석이 되지 않을 것 같지만, 그렇지 않습니다. 이미 알고 있는 어휘들부터 해결하면 됩니다. Every summer는 '매년 여름'이고, to go는 '가려는', backpacking은 '배낭여행', without kids는 '애들 없이', at least once는 '적어도 한 번'입니다.

매년 여름 애들 없이 적어도 한 번은 배낭여행을 가려고~ .

aim을 뜻을 몰라도 여기까지 해석할 수 있습니다. 자, 거의 끝났습니다. 맥락상 이 문장 속에서 aim은 '가려고 한다', '가려고 생각한다', '가려고 계획한다' 정도가 되지 않을까요? aim은 명사로 목표, 목적 등의 뜻을 갖지만 동사로는 '~할 작정이다'라는 뜻을 갖고 있습니다. 이처럼 사전을 찾지 않고도 문장의 뜻을 파악할 수 있습니다. '사전에서 찾으면 쉬운데…'라고 할지 모르지만, 이런 추론의 과정이 학습능력을 엄청 키워줍니다. 저는 이것을 한국어학교의 학생들에게 자주 강조합니다.

"사전을 열기 전에 스스로 추론하세요!"

글을 읽다 보면 긴 문장뿐만 아니라 짧은 문장도 해석이 잘 안 되는 게 많습니다. 중요한 것은 포기하지 않고 추론하면서 꾸준히 읽는 것입니다. 2번, 3번, 반복해서 읽다 보면 사전에 의존하지 않고도 처음 읽었을 때 아리송했던 표현의 의미가 천천히 머릿속으로 들어오는 신비한 경험을 하게 될 것입니다. '리더스'든 '브레이킹'이든 뭐든 닥치는 대로 읽어봅시다.

② 말하기

5060은 문법을 공부하느라 말하기가 되지 않는다는 변명은 더 이상 유효하지 않습니다. 일본의 사회학자 야쿠시인 히토시는 일본인들이 영어를 못하는 이유가 절실하게 필요하지 않았기 때문이라고 했습니다. 한국의 5060들도 그렇습니다. 영어로 말하는 능력은 필수조건이 아니었습니다. 입사지원서를 낼 때 토익, 토플 점수도 요구받지 않았고, 영어 면접도 없었습니다. 그래서 '영어는 내 적성이 아니야'라면서 포기했고, 치열하게 공부하지 않았다는 것이 진실입니다.

20~30년 손 놓았던 영어를 다시 공부하는 것은 쉽지 않습니다. '~하면 된다', '100일 완성'과 같은 구호는 공약에 가깝습

니다. 쉽사리 실행되기 어렵죠. 영어는 시간이 걸립니다. 논리적으로 이해하는 것도 필요하지만, 몸이 반응할 때까지 영어를 체득하는 데에는 많은 시간이 필요합니다. 그렇지만 하고자 하는 마음만 굳건하다면 얼마든지 할 수 있습니다. 그럼, 말하기 공부는 어떻게 하는 게 좋을까요?

하고 싶은 말이 있으면 영어로 하라! 무리한 주문이지만, 아주 짧은 문장부터 시작하면 됩니다.

I'm Jaehwan.

I teach Korean history.

I'm a professional host.

혼자서도 할 수 있지만, 무료로 수강할 수 있는 영어 팟캐스트 방송 같은 것을 활용하면 조금 더 수월해집니다. 조금만 찾아보면 자신에게 딱 맞는 강의를 금세 찾을 수 있습니다. 요즘 영어 말하기 공부는 문장을 만드는 법을 가르쳐주고, 사용빈도가 높은 유용한 패턴을 뽑아 집중적으로 연습시키는 것이 대세입니다. 잘 찾아보면 우리 주변에는 공짜로 활용할 수 있는 자료가 많습니다.

문장 만들기

박기범 선생이 방송하는 팟캐스트 〈한마디로영어〉에는 '한마디로 문장 만들기'라는 코너가 있습니다. 이 코너는 영어에 대한 이해를 새롭게 해주고, 하고 싶은 말을 문장으로 구사하는 방법을 알려줍니다.

나는 재환이다

I'm Jaehwan.

나는 한국사를 가르치는 재환이다.

I'm Jaehwan who teaches Korean history.

나는 한국사를 가르치는 재환이고 또한 사회자다.

I'm Jaehwan who teaches Korean history, and a professional host as well.

패턴 연습하기

유용한 패턴으로 연습하기는 말하기 강의에서 중점적으로 다루고 있는 내용입니다. 원어민들이 자주 쓰는 표현을 패턴으로 익혀두면 필요할 때 순발력 있게 빨리 말할 수 있기 때문입니다. 대부분의 방송에서 유용한 패턴을 소개하고, 원어민 음성을 들려주고 있으며, 청취자가 들으면서 연습할 수 있도록 하고 있습니다. 1회 방송 길이는 대개 10~20분 정도여서 듣기에도 큰 부담이 없습니다.

팟캐스트 〈한마디로영어〉는 《한마디로 여행영어 in New Zealand》를 교재로 삼아 여행 중 유용하게 쓸 수 있는 표현을 중심으로 방송하고 있습니다. '일빵빵'이나 '마유영어쇼' 같은 방송도 차근차근 기초를 점검하며 공부하는 학습자들에게 좋습니다.

사용 빈도가 아주 높은 표현 중에 '~ 해도 될까요?'가 있습니다. May I ~ ?

May I go? 저 가도 될까요?

May I sleep? 저 자도 될까요?

May I ask? 저 질문해도 될까요?

May I ask you? 저 당신에게 질문해도 될까요?

May I ask you something?

당신에게 뭐 좀 질문해도 될까요?

May I ask you something about your teacher?

저 당신 선생님에 대해 당신에게 질문해도 될까요?

질문만 연습해서는 회화가 끝나지 않습니다. 회화는 대화입니다. 질문이 있으면 대답이 따라야죠.

May I ask you?

그럼요.: Yes, you may. / Sure. / Why not? …

무엇입니까?: What is it? / What would you like to know?
…

질문은 'May I ~ '로 해도 대답은 사람에 따라 각양각색일수 있으므로 여러 가지 표현을 공부해야 하는데, 이런 모든 것들을 팟캐스트 강의에서 아주 친절하게 알려줍니다. 무료로 이모든 것을 이용할 수 있다니, 공부하기 참 좋은 세상입니다.

처음에는 짧은 문장부터 연습해서 점차 긴 표현으로 나아가면 됩니다. 대부분의 방송이 교재를 사용하고 있는데, 교재 없이도 얼마든지 공부할 수 있지만, 학생이 공부할 책을 사는 것은 당연한 일 아닐까? 커피 한 잔, 술 한 잔 안 마시면 그깟 책값은 아무것도 아닙니다.

③ 듣기

외국 여행을 갈 때, 길이나 물건 값을 물을 때 필요한 표현 몇 가지 필요한 문장을 외운 경험이 있을 것입니다. 그런데 딱 거기까지만 외운 것이 문제가 될 때가 있습니다. 질문을 했는데, 상대가 하는 얘기를 알아듣지 못해 당황한 적 있으시죠? 원어민들 발음은 우리가 생각하는 소리와 상당히 거리가 있고, 말하는 속도가 빨라 따라잡기가 쉽지 않습니다. 그렇다고 '뭐라고요? What? What? Sorry, what? Pardon? What?'만 반복할 수는 없지 않을까요? 그러니 처음에는 잘 안 들리더라도 듣기 훈련을 꾸준히 해야 합니다.

네이버에서 제공하는 '오늘의 회화', 기독교방송 라디오 〈굿모닝뉴스 박재홍입니다〉의 '굿모닝뉴스 1분영어'를 듣는 것도 좋고, 팟캐스트 방송, CNN뉴스, 테드(Ted) 등등 원어민의 발음을 친절하게 알려주는 프로그램이라면 모두 좋습니다. 미드를 보면 좀 더 생생한 현지 영어를 들을 수 있습니다. 영어 공부에 좋은 미드로 〈프렌즈〉, 〈위기의 주부들〉, 〈뉴스룸〉, 〈왕좌의 게임〉 등을 많이들 추천하는데, 드라마 시청의 장점은 지루하지 않게 영어 공부를 할 수 있다는 것입니다.

미드를 본 적이 있나요? 꼭 한 번 시청해보세요. 좋은 학습 도구입니다. 물론 미드를 활용하는 방법은 연구할 필요가 있습니다. 처음에는 들리지 않아도 자꾸 보면 들릴 것이라고 얘기하는 분들이 있습니다. 하지만 저는 생각이 다릅니다. 모르는 단어나 표현은 반복해서 봐도 잘 들리지 않더군요. 오히려 읽기, 말하기, 쓰기 등을 병행하는 과정에서 알게 된 새로운 것들을 드라마에서 접했을 때 비로소 '아, 저 말이구나, 저 말을 저렇게 쓰는구나!' 하고 감탄했던 적이 더 많습니다.

그래서 미드를 볼 때면 영어 자막을 눈으로 읽으면서 소리를 듣습니다. 처음에는 대사 하나가 나오면 소리를 듣고 화면을 정지시켜 자막을 확인했습니다. 자막을 봐도 어려운 대사가 많지만, 반복 시청하면 점차 많은 부분이 이해가 됩니다. 요즘에는 대화 한 덩어리를 그냥 듣고 다시 돌려서 자막을 확인하기도 합니다. 왜냐하면 들리는 것과 여전히 안 들리는 것이 비빔밥처럼 섞여 있기 때문입니다. 노파심에 하는 말이지만, 드라마에 빠져 미드 시청의 목표가 '듣기 능력 향상'이라는 것을 잊어서는 안 됩니다!

④ 쓰기

영어로 논문을 쓰는 대학교수 가운데 말하기가 안 되는 분들이 있다는 것은 참으로 불가사의한 일입니다. 요즘 말로 실화냐고요? 네, 그런 분 있습니다. 또 한편에서는 말하기는 되는데 쓰기가 안 된다고 호소하기도 합니다. 글을 쓰듯이 말하고 말하듯이 쓰면 될 것 같지만, 그렇게 간단히 해결되지 않는 것도 불가사의합니다.

저는 말하기와 읽기, 듣기에 많은 시간을 투자하고 있지만 쓰기에는 좀 게으른 편입니다. 열심히 하는 이들은 영어로 일기를 쓰기도 하고, SNS에 영어로 글을 쓰기도 합니다. 인터넷 채팅사이트에서 외국인 친구들을 사귀는 이도 있습니다. 글을 쓸 수 있는 기회를 자주 만들고 계속 시도해보는 것이 좋습니다. 작문이 잘 안 될 때는 구글 번역기(https://translate.google.com/)와 함께 공부하는 것도 나쁘지 않습니다.

한국어로 '나는 소년이다.'라는 문장을 넣으니, 'I'm a boy.'라는 문장이 나왔습니다.

이번에는 조금 더 긴 문장을 넣어보겠습니다.

나는 꿈 많은 소년이다.

→I am a dreamer boy.

어떤가요? 이 정도면 괜찮은 문장입니다. 이 문장에 조금 더 살을 붙여보겠습니다.

초등학교 때 나는 누구보다도 꿈 많은 소년이었다.
→ When I was in elementary school I was a dreamer boy.

'누구보다도'에 해당하는 표현이 빠지긴 했으나 그런 대로 뜻은 전달할 수 있습니다. 번역된 문장에 만족할 수 없을 때는, 그 문장(A)을 딸깍 클릭하면 번역 개선 기능을 통해 다른 번역문(B)을 얻을 수 있습니다.

(A) When I was in elementary school I was a dreamer boy.

(B) When I was a school boy with many dreams than anyone.

(B)번역문은 than anyone이 들어가 '누구보다도'라는 표현을 살리고 있지만, 이번에는 단순히 a school boy라고 해서 '초등학교 때'라는 것이 정확히 전달되지 않습니다. 또 하나 심각한 오류는, than 다음의 anyone과 비교하는 것이므로 many dreams가 아니고 비교급 more dreams여야 합니다.

초등학교 때 누구보다도 꿈 많은 소년이었던 나는 지금도 꿈을 꾸고 있다.

→ I was dreaming a lot more than anyone in elementary school, and I am still dreaming.

앞선 문장보다 조금 더 복잡한 구조가 되었지만, 오히려 번역 기능은 더욱 잘 작동한 것 같습니다.

생각처럼 작문이 잘 되지 않을 때, 이와 같은 방식으로 번역기의 도움을 받을 수 있습니다. 번역된 문장을 참고로 작문 실력을 늘려나가는 것입니다. 하지만 스스로 생각하지 않고 번역 단추만 계속 눌러서는 안 됩니다. 게다가 살펴본 것처럼 번역기를 너무 과신해서는 안 됩니다. 기계 번역이 점점 발달하고 있지만, 아직은 완벽한 번역을 기대할 수 없으니까요.

올바른 문장을 쓰기가 어렵더라도 자주 시도하는 것이 좋습니다. 쓰는 만큼 능력은 향상됩니다. 물론 혼자서 공부하다 보면 맞게 쓴 건지 불안할 때가 있습니다. 확인하고 싶다면 작성한 글을 읽고 첨삭지도를 해줄 수 있는 영어 고수를 한 사람쯤 알고 지내는 것이 좋습니다. 제대로 썼는지를 스스로 판단하기 어렵기 때문입니다. 영어 카페의 회원이 되어 회원들끼리 글을 공유하고 의견을 교환하는 것도 좋습니다.

저도 영어로 글을 쓸 기회가 별로 없지만, 스카이프로 온라인 수업을 하는 영어 선생님과 페북에서 문자를 주고받습니다. 아침 인사도 보내고, 날씨에 대해서도 이야기합니다. 오늘은 학교 강의가 없어서 여유가 있다는 얘기도 하고, 아주 가끔은 주제를 정해서 글을 써보기도 합니다. 다음 글은 1년 전쯤 심심해서 쓴 것입니다. 5060에게 익숙한 옛날 우스갯소리를 번역한 것인데, 과연 전달이 잘 될지 모르겠습니다. 읽어보시겠어요?

It happened in a terrible hot summer day. A Buddhist priest visited a restaurant in order to have Naengmyeon. A waiter asked him when he ordered.

"I'm afraid, but would you like me to remove sliced beef from your dish?"

That's the point of this story. All Buddhist priests are not allowed to eat any kind of meat following the Buddhist doctrine. Long time ago, Buddha said, "Never kill anything alive, and never eat meat." However, the priest answered,

"Hide it under the noodle, you idiot."

제4장

나만의 공부가
최상의 공부법

Tomorrow hopes we have learned
something from yesterday

- John Wayne -

나는 문법책부터
집어 들었다

중고등학교, 대학교 합쳐서 10년을 공부해도 영어를 말하지 못
하는 것은 문법 위주의 교육을 받은 탓이라는 비판이 있었습니
다. 그 바람에 2012년부터 영어 교육은 말하기 중심으로 바뀌었
습니다. 약점을 보완하기 위한 정책은 바람직하지만 때때로 부
작용을 동반하기도 합니다. 말하기 중심으로 교육이 진행되면
서 자연히 문법은 소홀해졌나 봅니다. 학생들의 말하기 실력이
나아지기는 했지만 문법 기초는 허약해졌다고 합니다. 그래서
요즘 영어 선생님들은 문법 교육도 말하기 교육도 모두 필요하
다고 이야기합니다.

　문법은 말의 구성 및 운용상의 규칙을 뜻합니다. 말의 구
성이란 쉽게 풀면 그 말이 어떻게 이루어져 있는가 하는 것입니

다. 명사, 동사, 형용사, 부사, 의문사 등등의 구성 요소를 따지는 것이지요. 또한 운용상의 규칙이란 이런 요소들이 어떻게 어우러져서 의미를 표현하고 전달하는가 하는 것입니다. 문제는 영어가 한국어와 많이 다르다는 점입니다. 말하는 순서, 즉 어순이 다른 것이 가장 큰 차이이고, 영어 학습의 어려움입니다.

물론 너무 정확한 영어에 집착하는 것은 좋지 않습니다. 한국어를 정확하게 구사하는 한국인도 드문데, 하물며 외국어인 영어를 정확하게 구사하기란 절대 쉬운 일이 아닙니다. 어쩌면 틀리는 것이 당연하고 자연스러워 보입니다. 중요한 것은 틀리는 것을 두려워하거나 실수를 부끄러워하지 않되, 정확한 표현을 위해 늘 자신의 영어를 관찰하고 잘못을 수정해야 한다는 것입니다.

저는 한국인이 쓴 문법책과 미국인 필자가 쓴 문법책을 각각 한 권씩 읽었습니다. 미국인 저자는 미국 대학 부설 ESL 강사로 오랜 경험을 쌓은 전문가로서 영어를 공부하는 외국인들의 특성을 고려해 아주 쉽게 이해할 수 있도록 썼습니다. 한국인 저자는 미국에서 오래 생활한 경험을 바탕으로 문법과 미국 현지의 생생한 영어를 소개했습니다. 이 밖에도 영어 학습자의 선택을 기다리는 많은 책들이 있지만, 비교적 두껍지 않고 너무 난해한 내용을 다루지 않은 책이 굳은 머리와 혀를 풀기에 좋습니다.

단어를 쉽게
암기하는 방법

단어 3,000개만 알면 일상회화의 98%가 가능하다고 합니다. 벽돌이 많으면 63빌딩도 지을 수 있지만, 벽돌이 적으면 개집밖에 지을 수 없습니다. 그처럼 문장을 풍부하게 구사하려면 단어를 많이 알아야 합니다. 어떤 소녀에 대해 말하고 싶은데 아는 단어가 kind밖에 없다면,

The girl is kind.(그 소녀는 친절하다.)

라고 말할 수밖에 없습니다. 그 소녀가 친절 외에도 많은 장점을 가졌더라도 그렇게 얘기할 수밖에 없을 겁니다. 하지만 diligent라는 단어도 알고 있다면 이렇게 말할 수 있겠죠.

The girl is kind and diligent.(그 소녀는 친절하고 부지런하다.)

이것이 어휘력입니다. 따라서 되도록 많은 단어를 알아야 합니다. 그러면 어떻게 하면 많은 단어를 기억할 수 있을까요?

① 파생어를 한 덩어리로 묶자

여기 honest라는 단어가 있습니다. honest는 형용사로, '정직한, 숨김이 없는, 공정한…'이라는 뜻을 갖고 있습니다. 5060이라면 빌리 조엘의 노래 'Honesty'를 기억할 텐데, honesty는 명사로, '정직, 솔직, 양심…'이라는 뜻입니다. 이 명사 honesty는 형용사 honest의 파생어인데, 부사 honestly(솔직하게, 정말, 정직하게)도 있습니다. 이처럼 단어 honest-honesty-honestly를 한 덩어리로 묶어서 기억하는 것이 좋습니다.

② 비슷한 말과 반대말로 묶자

문장 속에서 righteous라는 단어를 발견했습니다. 형용사이고 뜻은 '옳은, 정의의, 정직한, 공정한…'입니다. 이럴 때 그냥 'righteous: 옳은, 정의의, 정직한, 공정한'이라고 외우지 말고, '아, honest하고 비슷한 뜻이구나!'라고 크게 감탄하면서 righteous를 honest와 연결해서 기억합니다.

이번에는 비슷한 말이 아닌 반대말입니다. wicked라는 형용사의 뜻은 '나쁜, 사악한, 부도덕한…'이다. '아하, 이게 honest, righteous와 반대의 뜻을 가지고 있구나!' 하고 또 다시 과장되게 감탄하면서 기억하는 겁니다. 그냥 무덤덤하게 외우는 것보다는 훨씬 효과적입니다.

③ 동일한 의미로 적용되는 접두사와 접미사의 뜻을 기억하자

honest의 반대말에 dishonest가 있습니다. honest 앞에 접두사 dis-를 붙인 것입니다. dis는 동사에 붙어 그 반대의 동작을 나타내고, 명사에 붙어 그 명사가 의미하는 것을 제거하다, 벗기다, 분리하다는 뜻의 동사를 만듭니다. 형용사에 붙으면 그 성질을 없애는 뜻의 동사를 만듭니다.

disability : n. ~ 할 능력이 없음. ↔ ability (능력)

disable : v. 무능력하게 하다. ↔ able (할 수 있는, 유능한)

disagree : v. 의견을 달리하다, 일치하지 않다. ↔ agree (동의하다, 일치하다)

disadvantage: n. 불리, 불이익. ↔ advantage (유리, 편의, 이익)

191

다음은 접미사입니다. 위에 나온 단어 able은 '능력 있는, 재능 있는, 유능한…'의 의미를 갖고 있는데 접미사로도 많이 쓰입니다.

vulner은 '상처를 입다'라는 뜻인데, 여기에 able이 붙으면 '상처받기 쉬운'이라는 뜻이 됩니다. 이것은 able이 명사나 동사 등에 붙어서 '능력, ~하기 쉬움, 경향, 가능성…'의 의미를 나타내기 때문입니다.

> unable : 할 수 없는
> lovable : 사랑스러운, 귀여운, 정감 가는…
> changeable : 변화무쌍, 변덕스러운…
> comfortable : 편안한, 편한, 쾌적한, 안락한, 안정된…

④ 문장과 함께 기억하자

어떤 단어는 한 번 보고도 암기가 되지만, 이상하게도 볼 때마다 뜻이 생각나지 않는 단어도 있습니다. 위에 나온 '상처받기 쉽다'는 뜻을 가진 vulnerable이란 단어는 저에게 참 고약한 단어였습니다. 미드에서 이 단어를 처음 봤을 때, '상처받기 쉬운'이란 의미를 확인했지만, 볼 때마다 생각나지 않았습니다. 이 단어의 뜻을 기억하는 데 서너 달이 걸렸습니다. 이거 왜 이렇게 기억이 안 되지? 스스로 '스톤 헤드'라 자학하며 비참한 심경으로 허우적거리다 최후의 방법을 찾았습니다. 무조건 'vulnerable = 상처받기 쉬운'이라 외우는 것이 아니고, 자그마한 일에도 상처를 잘 받던 친구를 생각하면서 문장을 만들었습니다.

Minsoo is vulnerable person. (민수는 상처받기 쉬운 사람이다.)

그 후 vulnerable이 튀어나오면 민수를 생각했고, 그가 상처를 잘 받는 사람이라는 것과 연결을 지으면서 뜻을 기억해냈습니다.

한 마디가 시작이고
한 마디씩 모이면 대화가 된다

필리핀에서 영어 공부를 할 때 불편했던 것은 선생님들이 한국어를 못한다는 것입니다. 이상하게 들리겠지만, 상상을 해보면 수긍할 것입니다. 그룹 수업이든 일대일 수업이든 선생님들은 영어로 말합니다. 'Good morning', 'Good afternoon' 정도야 아무런 문제없지요. 'How are you?'만 해도 가뿐합니다. 그런데 'How are you feeling now?'라거나 'How have you been?' 또는 'How is your life treating you?'쯤 되면 뭔 소리를 하는지 알 수가 없었습니다.

궁금한 게 있어 질문하고 싶지만, 어떻게 질문해야 하는지 몰라 답답했습니다. 가까스로 작문을 해서 질문을 해도 돌아오는 설명이 들리지 않았습니다. 영어로 마구 떠들어대니 뭔 소리를 하는지 도무지 알 수가 없었던 겁니다. 친절한 선생님을 만나면 조금 낫겠지만 근본적으로 차이는 없습니다. 만일 선생님이 한국어를 한다면?

"… to 다음에 동사원형을 쓰는 것은 주어가 뭔가를 하려는 것을 나타내는 것입니다. 예를 들어 to buy라고 하면 뭔가를 사려고 하는 것이고, to sing이라고 하면 노래를 하려는 것이죠. …"

이렇게 한국어로 설명을 해준다면 쉽게 이해할 수 있지만, 설명을 영어로 한다고 상상해보세요. 알아듣는다면, 이미 당신은 상급입니다. 친절한 한국어로 설명해주는 사람을 한 사람도 만나지 못해 저는 영어에 관한 온갖 의혹을 풀지 못한 채 반복되는 학습으로 인해 만성 영어 체증에 걸렸었습니다. 중급자용 Grammar In Use를 구해 독학도 했지만, 이것조차 영어로 된 것이어서 내용을 온전히 이해하지 못했습니다.

기대했던 결과를 얻지 못하고 한국으로 돌아와 울적한 기분에 사로잡혀 있을 때, 평생 무료 영어 '한마디로닷컴'을 알게되었습니다. "서울대 나온 사람이 하는 사이트인데, 좀 특이해. 돈을 안 받아 그냥 회원 가입하고 들으면 돼." 무료라서 공부하기에 좋다는 게 아니고, 무료인데다가 강의가 정말 좋다는 거였습니다. 물에 빠진 사람 지푸라기 잡는 심정으로 사이트에 가서 '한마디로공식'부터 시청했습니다.

> "… 영어문장의 구성형태를 빠른 시간 안에 찾아내는 것이 영어를 잘하는 첫 번째 단계입니다.
>
> 생각의 순서, 즉 어순이 다르기 때문에 영어의 모든 게 뒤죽박 죽 보입니다.
>
> 우리는 말을 할 때 정해진 순서대로 하지는 않습니다. 생각나 는 대로 이야기하지요. 영어를 하는 사람들은 생각하는 순서가 정 해져 있고 그 순서대로 말을 합니다. 영어를 잘하려면 원어민들의 생각의 순서를 따라가야 합니다.…"

이제껏 보지 못했던 새로운 세상이 열리는 듯했습니다. 과 거 경험했던 그 어떤 영어 선생님에게서도 들을 수 없었던 얘기 를 동그란 얼굴에 검은 테 안경을 걸친 박기범 강사가 쉴 틈 없 이 쏟아내고 있었습니다.

> "… 주어부와 서술부는 '뭐가 어쨌다고?'에 해당합니다. '난 봤어.' 라고 대답한다면, '무엇을 봤는데?'라고 묻겠지요. 이때 '무엇'이 목적어이고, '난 영화를 봤어.'라고 한다면 또 이런 물음이 가능

하겠지요. '누구랑 언제 어디서 봤는데?' 이 부분이 바로 부사입니다.

'난 어제 내 친구랑 극장에서 영화를 봤다.'고 말하는 한국어와는 생각의 순서가 다릅니다. 영어 사용자들은 무의식적으로 이런 순서에 의해 생각하고 말하는 것이지요. 그리고 그들은 자신들이 중요하다고 생각하는 것을 먼저 말합니다.

'the man in the room'은 '그 방에 있는 남자'입니다. 이 표현에서 중요한 것은 '그 방'이 아니고 '남자'입니다. 그래서 그들은 'the man'을 먼저 말하고 'in the room'을 말하는 것입니다. 한마디로 'the man'이고 두 마디로 'the man in the room'이 되는 것입니다. …"

'미국에서 가족과 함께 살아가는 아이들'이란 명사구는 다음과 같은 순서로 완성됩니다.

한마디로 : 아이들(children)

두 마디로 : 살아가는 아이들(children living)

세 마디로 : 가족과 함께 살아가는 아이들(children living with family)

네 마디로 : 미국에서 가족과 함께 살아가는 아이들(children

living with family in the US)

이것이 바로 생각의 순서에 따라 만들어지는 표현입니다. 이번에는 완벽한 문장을 만들어볼까요?

어린 시절에 탄산음료를 너무 많이 마시는 것은 위험해.

한마디로: 그거 위험해. (It is dangerous)

두 마디로: 마시는 거 위험해. (It is dangerous to drink)

세 마디로: 탄산음료를 많이 마시는 것은 위험해. (It is dangerous to drink soda too much)

네 마디로: 어린 시절에 탄산음료를 많이 마시는 것은 위험해. (It is dangerous to drink soda too much in childhood)

강의의 핵심은 '생각의 순서'였습니다. 그러고 보면 영어의 모든 문장은 주어로 시작합니다. I를 맨 처음 말하는 것은 자신이 가장 중요하다는 의미를 담고 있습니다. 그다음 동사가 나옵니다. I가 '~이다' 혹은 '~하다'가 중요합니다. 그다음에 '무엇'이 옵니다.

I love you.

가장 중요한 것은 I이고, 다음으로 중요한 것이 love이며 그 다음이 you입니다. 한국인들은 I도 love도 중요하지만, you도 중요하다고 생각할 것입니다. '내가 사랑하는'도 중요하지만, '누구'를 사랑하는지도 중요하지요.

맞습니다. 비판적 사고는 중요하지만, 이런 식으로 시비를 걸면 원어민들의 생각의 순서를 받아들이기 어렵습니다. 영어를 배우려 하는 것이므로 그들을 흉내 내고 따라잡을 필요도 있습니다. 'you도 중요하잖아.' 하고 자기 생각을 주장할 때가 아니고 '아, 그들은 I를 제일 중요하게 생각하는구나.' 하면서 온몸으로 받아들여야 합니다.

저는 130여 개의 '한마디로닷컴' 〈시크릿 그래머〉 동영상 강의를 두 번 완강했습니다. 두 번이나 완강한 것은, 처음 들을 때 답답했던 가슴이 뚫리는 기분을 느껴서이고, 두 번째 들을 때는 한 번 더 들으면서 많은 내용을 머릿속에 집어넣고 기억하고 싶었기 때문입니다. 상당한 시간이 걸렸습니다. 한 석 달 열심히 봤을까요? 그때는 일이 거의 없었기 때문에 하루 종일 컴퓨터 앞에 붙어 앉았거나 방 안을 서성이며 강의를 열심히 들었습니다.

사실 일이 없으면 먹고살 일이 막막해 걱정이 들지만, 일이 없으니 모든 시간을 공부에 쓸 수 있더군요. 물이 반밖에 남지 않은 게 아니라 아직도 반이나 남았다고 생각해야 합니다. 이러한 긍정의 사고는 어디에나 적용할 수 있습니다. 박사논문을 쓸 때도 일이 거의 없었습니다. 돈 문제로 어려움을 겪었지만, 세상이 내게 공부하라고 일을 시키지 않는 것이라 생각했습니다. 어려운 상황에 처했을 때 절망하고 좌절하지 않고 좋은 면을 찾아 일부러라도 긍정적으로 생각하는 것이 인생을 즐겁게 사는 지혜입니다.

인터넷에는 영어 공부의
스승들이 산다

미국의 대표 시사주간지 중 하나인 〈뉴스위크〉가 2012년 12월 31일자를 끝으로 종이잡지 발행을 중단했습니다. 우리나라에서도 종이 신문 구독자가 줄고, 책 판매량도 급격하게 하락하고 있습니다. 2017년 벽두 서적도매상 송인서적이 부도를 냈습니다. 저자와 출판사가 오랜 시간 심혈을 기울여 만든 책들이 독자들의 선택을 받지 못하고 뽀얀 먼지를 가득 인 채 창고에 쌓여 있었습니다. 바야흐로 종이는 가고 컴퓨터와 인터넷, 휴대전화가 그 자리를 대신하고 있습니다.

인터넷은 정보의 바다입니다. 네이버와 다음 같은 포털사이트뿐만 아니라 각종 기관·단체·기업 사이트, 개인 블로그와 카페 등에서 많은 정보를 찾을 수 있습니다. '책을 읽고 싶은데

집에 책이 없어. 도서관에도 없어.'라고 말하던 시대는 벌써 지났습니다. 책을 읽지 않아도 인터넷을 통해 지식과 정보를 얻을 수 있습니다. 5060의 유·소년기 부잣집에만 있던 브리태니커백과사전이나 한국의 표준국어대사전도 인터넷으로 읽을 수 있습니다.

영어에 관한 정보도 차고 넘칩니다. 다음 검색창에 contact를 입력해보았습니다. 맨 먼저 나오는 것은 어학사전입니다.

접촉·연락·콘택트렌즈·교제 등의 뜻을 가진 단어라는 것을 알 수 있고, 상단부에서 관련 단어를 확인할 수 있으며, 오른쪽에 있는 스피커를 클릭하면 발음을 들을 수 있는데다가 '영어사전 더 보기'를 딸깍하면 상세한 설명과 함께 contact가 들어간 숙어와 22,172개의 예문까지 확인할 수 있습니다. 각각의 예문에 달린 스피커를 딸깍하면 해당 예문을 친절하게 읽어줍니다. 하단부 '다른사전'의 English를 딸깍하면 영영사전을 볼 수 있고, T!P에 질문도 할 수 있습니다.

'contact' 관련 'T!P보기'에 있는 답변 중 하나를 클릭하면 인터넷 영어 고수들의 친절한 답변을 읽을 수 있고, 오른쪽 화면에서 그들의 활동 내용까지 확인할 수 있습니다. 토익·토플은 물론 미국 사립중고등학교 입학시험인 SAT까지 범위를 넓혀 필요한 정보를 찾아볼 수 있습니다.

여기까지만 해도 정보는 충분합니다. 중요한 것은 자신에게 필요한 정보와 자료를 간편하고도 신속하게 찾는 것입니다. 모자 하나 사겠다고 동대문시장 전체를 구석구석 쑤시고 다니는 것은 비효율적이고 어리석은 짓입니다. 불필요한 정보는 과감히 무시하고, 웹서핑에 귀중한 시간을 허비하지도 맙시다.

① 사전 검색을 통한 단어의 의미 파악

예를 든 'contact'는 '접촉·연락·콘택트렌즈·교제' 등의 뜻을 가집니다.

② 단어가 들어간 숙어의 의미 파악

lose contact with ~과의 접촉이 두절되다

make contact with ~와 연락하다

③ 문장 속 단어의 쓰임새와 의미 파악

예 : Never let your lenses come into contact with water.

절대로 너의 렌즈를 물에 닿게 하지 마라.

이 문장의 contact는 명사로서 '접촉'의 의미로 쓰였습니다. 전치사 다음에는 항상 명사가 옵니다. 전치사 into가 앞에 있으므로 이때의 contact는 명사입니다.

④ 단어를 포함하고 있는 유용한 표현 확인

예 : a point of contact [수학] 접점

eye contact 시선 맞추기, 시선이 맞음…

He had many contacts. 그는 '연줄'이 많다.

'연줄'의 의미로 쓰이는 것이 흥미롭습니다. 많은 사람과 관계를 맺고 있는 오지랖이 넓은 누군가를 떠올리며 문장을 만들어봅시다. 'Sunja has many contacts.'

팟캐스트 영어 강의를
활용하다

팟캐스트는 아이팟의 'Pod'과 방송이라는 의미의 'broadcast'에서 온 말로 인터넷을 통해 배포되는 라디오 방송 형식의 프로그램입니다. 위키백과에 따르면 2016년 11월 기준 국내에 8,800여 개 이상의 프로그램이 있는데, 팟캐스트 사이트 '팟빵'에는 시사 및 정치, 도서, 영화, 어학, 경제, 교육, 코미디, 음악, 여행, 문화 및 예술 등 여러 분야의 많은 프로그램이 방송되고 있습니다.

5060은 정치, 시사, 여행, 문화, 예술 등에 많은 관심을 갖고 있겠지만, 지금은 어학에 집중하겠습니다. 어학 목록에서 큰 비중을 차지하는 것은 역시 영어이고, 중국어, 일본어 순입니다.

팟빵에서 영어를 공부하는 분들은 잘 알겠지만, 〈일빵빵 입에 달고 사는 기초영어〉와 〈일빵빵 스토리가 있는 영어회화〉

2018년 1월 21일 현재 어학순위

가 상위를 차지하고 있습니다. 〈기초영어〉는 정말 기초부터 강의를 들을 수 있고, 〈영어회화〉는 미드 〈프렌즈〉에 나오는 대사를 바탕으로 강의를 진행합니다.

이 밖에도 〈사용빈도 1억 마유영어쇼〉, 〈시사 이슈 영어로 말하기 : Keyword Speaking〉, 〈BUSINESS ENGLISH〉 등 많은 프로그램이 있습니다. 어떤 것이 자신의 수준에 맞는지는 한 번씩만 들어보면 파악할 수 있을 것입니다. 팟빵에 회원으로 가입하면 구독함에 필요한 강의를 담을 수 있고, 강의 파일을 내려받아 컴퓨터나 휴대전화에 저장하면 인터넷이 없는 곳에서도 언제든지 들을 수 있습니다.

풍부한 학습 자료를 무료로 마음껏 이용할 수 있다는 것은 축복입니다. 그러나 1970~80년대 〈밤을 잊은 그대에게〉, 〈별이 빛나는 밤에〉, 〈이종환의 밤의 디스크쇼〉 등을 청취하듯이 수동적으로 들어서는 안 됩니다.

A가 물어봅니다. 너 어디로 가니?

A : Where are you going?

B가 학교에 간다고 대답합니다.

B : I'm going to school.

A가 오늘은 일요일이라고 말합니다.

A : Today is Sunday.

미치고 환장할 노릇이지요? B가 말합니다. 맙소사!

B : Oh my god!

5060에게 이 정도의 영어는 쉽습니다. 간단해서 공부할 필요가 없다고 생각할 것입니다. 그래서 대부분 자연스럽게 좀 더 긴 문장이나 어려운 표현으로 넘어갑니다. 그런데 이 '내가 이 정도는 알고 있지.'라는 생각이 함정입니다. 쉬운 단어로 되어 있어서 특별히 공부하지 않아도 될 것 같은 느낌이 사실은 가짜이니까요. 그런데도 우리는 보통 쉬우니까 만만히 보고 더 어려운 것을 공부해야 제대로 공부한다는 생각에 사로잡혀 있습니다. 이해했다고 착각하고 다음 단계로 넘어가는 패턴을 반복하면 실력이 늘지 않습니다.

Where are you going?이란 간단한 문장도 자기에게 맞게 학교뿐만이 아니라 여러 장소로 간다는 대답을 만들면서 연습해야 합니다.

I'm going home.
I'm going to the library.
I'm going to the station.

지하철역에는 영어 학원 광고가 많습니다. 유명인을 앞세운 광고, 자기네 학원에 와서 공부하면 금방이라도 입이 터질 것처럼 학생을 유인하는 광고, 심지어는 완강하고도 영어가 안 되면 수강료를 환불해준다는 광고도 있습니다. 저는 수강료가 얼마인지는 모릅니다. 돈이 아까워서 그런 곳에 가지 않은 것은 아닙니다. 영어를 사업으로 하는 사람들이 수강료를 돌려주면 애당초 사업은 왜 시작했을까 하는 생각이 들면서 내키지 않았을 뿐입니다.

사교육비 부담을 더는 데 힘을 보태고 있는 많은 강사들을 팟캐스트에서 만날 수 있습니다. 제가 선택한 〈한마디로영어〉

의 박기범 선생처럼 영어 무상교육 실현을 위해 헌신적으로 가르치는 분들도 있습니다. 더러는 돈을 내야 아까워서라도 공부를 한다고 충고하는 분들도 있습니다만, 돈을 안 쓴다고 교육의 질이 낮은 건 절대 아닙니다. 공부하는 사람의 마음가짐이 문제죠. 엄한 데 가서 헛돈 쓰지 않고 팟빵의 무료 강의를 100% 활용하면 그야말로 일석이조가 아닐까요?

글쓰기,
영어 일기를 쓰다

솔직히 말해서 어렵지 않은 게 있을까 싶지만 영어로 글을 쓰기는 매우 어려운 학습의 하나입니다. 글을 쓸 기회도 그다지 많지 않고, 한글로도 잘 쓰지 않는 글을 영어로 쓴다는 것은 상상만 해도 제게는 이상한 나라의 엘리스 같은 환상처럼 느껴졌습니다. 그래도 글로벌 시대인 지금은 페북, 트위터 등으로 국경을 뛰어넘는 소통이 이루어지고 있습니다.

혹시 페북에서 친구 요청을 받은 적이 있나요? 간혹 신분이 묘해 보이는 외국인들의 친구 요청을 받으면, 이거 수락해도 되나 하는 걱정이 앞서기도 하지만, 사진이나 성별, 정보 등을 꼼꼼히 보고 결정하면 엉뚱한 손재수로 고통을 받는 일은 없을 것이라 믿습니다.

그렇게 페친이 되면, Good morning이라고 아침 인사도 하고, I'm Jaehwan Jung 어쩌고 하면서 짤막한 대화를 주고받다 보면 자연스럽게 영어로 뭔가를 써야 되는 상황이 만들어집니다. 저는 가끔 필리핀에서 인연을 맺은 선생님들과 문자를 주고받습니다.

영어 글쓰기를 연습할 수 있는 또 하나의 좋은 방법은 영어로 일기를 쓰는 것입니다. "한글로도 안 쓰는 일기를 영어로 써?" 솔직히 저도 일기는 쓰지 않습니다. 자기도 하지 않으면서 남에게 권하는 것이 좀 부끄럽기는 하지만, 많은 이들이 영어 일기 쓰기를 권합니다. 영어로 일기 쓰기는 문법 위주로 영어 교육을 받은 5060이 조금만 연습하면 말하기보다 더 수월할 것이라는 생각을 합니다.

역사를 공부하는 이들은 잘 아는 〈윤치호 일기〉가 있습니다. 윤치호는 한말 정치인으로 일본과 미국 등에 유학하였고 독립협회 회장을 지냈으나, 일제강점기에는 남작 작위를 받았고, 일본제국의회 귀족원 칙선의원으로 활동하였습니다.

윤치호가 영어 공부를 시작한 것은 1882년 도쿄 유학 시절이었으며, 갑신정변 후인 1885년 상하이로 망명해 중서서원에서 공부한 후 1888년 11월 미국에 유학했습니다. 윤치호는 아주 열심히 일기를 썼는데, 1883~1887년까지는 한문으로,

1887~1889년까지는 국문으로, 1889년 12월 7일 이후는 모두 영문으로 썼습니다.

그러니까 영어 공부 시작하고 7년이 되던 해부터 영어로 일기를 쓰기 시작한 셈인데, 다음은 윤치호가 쓴 1932년 7월 15일 일기입니다.

15th. Friday. Very hot. The hottest day so far.

Seoul home. A stormy shower between 3 and 4 Mr. Ahn Chang Ho was sent to the prison this afternoon. At the request of Mr. Yi K.S. had a short interview with Mr. Ahn about 4:30 p.m. By the way Miss Helen Kim seems to have been scandalized by the rumor that I have been busy asking the powers that be to release Mr. Ahn. The scandalous quarrel between Dr. Rhee and his supporters and Mr. Ahn, heading the North-Western faction seem to have come to Seoul to stay! Hugh Cynn(신흥우), Yu U.K., Kim Helen etc. must feel offended by my open friendliness with the N.W. leaders like Yi Kwang Su, and above all Ahn Chang Ho. But personal friendship is one thing and political partisanship is another.

15일. 금요일. 너무 덥다. 지금까지 가장 뜨거운 날.

서울 집. 안창호가 감옥에 들어간 오후 서너 번의 소나기가 퍼부었다. 오후 4시 30분에 이광수의 요청에 의해 안창호 씨와 짧은 인터뷰가 있었다. 그런데 김활란 씨는 내가 안창호 씨를 구명하기 위한 노력으로 바빴다는 소식에 분개했다. 이승만 박사와 그의 지지자들과 서북파를 이끄는 안창호 사이의 스캔들이 서울에 머물러 있는 것처럼 보인다. 신흥우, 유억겸, 김활란 등은 안창호와 이광수 같은 서북파 지도자들에 대한 나의 개방성에 불쾌감을 느낄 것이다. 하지만 개인적인 우정과 정치적 당파성은 다른 것이다.

일기는 1932년 4월 29일 윤봉길 의사의 홍구공원 쾌거 이후 일경에 검거되어 서울로 송환된 안창호가 유죄 선고를 받고 서대문형무소에 수감된 날의 일을 기록하고 있습니다. 역사를 공부하는 이가 아니라면, 윤치호의 영어 일기를 볼 기회가 거의 없겠지만, 굳이 윤치호 이야기를 꺼낸 것은 한말 영어 학습의 필요성을 절감한 윤치호가 부단한 학습 과정에서 일기를 쓰기 학습의 일환으로 택하고, 자신의 영어 실력을 절차탁마했음을 느낄 수 있기 때문입니다. 친일파로 변절한 인물이라 거부감을 갖는 분들도 많겠지만, 역사적 심판은 준엄하게 하시고, '그의 영어 일기'는 그저 효율적인 학습의 한 방법으로 참고하시길 바랍니다.

쓰기 학습에서 가장 중요한 것은 무엇이든 쓰는 행위입니다. 처음에는 작문이 좀 안 되더라도 자꾸 하다 보면 늘 것입니다. 뻔한 얘기를 반복하지만, 이게 그 뻔한 지름길이기 때문입니다. 그러니 날마다 쓰지 못하더라도 일주일에 한두 번, 아니 뭔가 쓰고 싶은 사건·사고가 있을 때 일기를 써보세요.

그런데 한 가지 큰 문제가 있습니다. 힘들게 작문을 했는데, 옳게 했는지를 스스로 판단할 수 없다는 겁니다. 영어 고수의 도움이 절대적으로 필요하죠. 수필이든 일기든 영어로 쓴 것을 누군가가 봐주어야 합니다. 틀린 것을 지적해주고, 더 좋은 표현을 하나쯤 가르쳐줄 수 있는 영어 고수가 곁에 있어야 합니다. 일기를 자주 쓰는 편은 아니지만, 눈병으로 고생할 때 쓴 짤막한 글이 있습니다. 부끄럽지만, 영어 쓰기에 도전할 5060에게 용기를 주기 위해 공개합니다.

Friday April 13th 2018.

I've gotten an eye disease. And I've suffered from it since last Wednesday. At first, I felt a little symptom that made my eyes red and me felt pain on them. I thought it came from overworking for my son's coffee shop Tteul(뜰) for the past few weeks. however, it didn't.

When I saw a doctor, I got a knowledge of what made me in ill. He said it was an infective eye disease and it would go on for about 2 weeks. Besides it could cause side effect which can be terrible pain on my body like I get horrible cold. As he says I've felt my body heavy and sleepy all day.

I've never gone out since yesterday evening after I'd come back to my place from my work. Now I'm taking medicine 3 times and putting two kinds of eye drops 4 times a day and one more eye ointment before going to bed. I hope my eyes will be better soon.

이렇게 썼지만, 제대로 썼는지 알 수가 없었습니다. 그래서 이것을 박기범 선생에게 보냈더니, 다음과 같은 첨삭지도가 있었습니다.

I've gotten an eye disease. And I've suffered from it since last Wednesday.
→ 둘 다 현재완료로 쓰면 좀 어색합니다.
I have an eye disease, and I've suffered from it since last Wednesday.

At first, I felt a little symptom that made my eyes red and me felt pain on them.

→ 문법적으로는 me felt pain on them에서 me feel pain으로 바꾸어야 하고, 나머지는 좋은데 글은 취향이니까 저 같으면 이렇게 쓰겠습니다.

At first, it started making my eyes a little bit red, and I felt some pain on my eyes.

I thought it came from overworking for my son's coffee shop Tteul(뜰) for the past few weeks. however, it didn't.

→ however는 부사입니다. 위에서는 접속사처럼 사용되어서 원칙적으로는 틀립니다. 그리고 it didn't는 잘 쓰셨는데, 앞에서 I thought it was coming 정도가 자연스럽기 때문에 뒤에서 it was not.으로 쓰는 것이 낫습니다. 하지만 it was not the case.으로 쓰는 것이 더 자연스럽지 않을까 싶네요.

I thought it was coming from a few weeks' hard work at my son's coffee shop 'Tteul'. However, it was not the case.

When I saw a doctor, I got a knowledge of what made me in ill.

→ 이 문장은 의미를 모르겠어요. 과로로 인한 병이 아니었다고 위에서 말하셨는데, 원인을 교수님이 알고 있다고 의사가 말했

다? 뒤에 보니까 원인은 의사 샘이 이야기해준 거 같고요. 박사님이 과로 아닌 다른 이유(본인 생각)를 의사에게 말하니까 그 분이 맞다고 한 건가요?

He said it was an infective eye disease and it would go on for about 2 weeks. Besides it could cause side effect which can be terrible...
→ 위 문장은 문법적으로는 문제가 없지만 저라면 이렇게 쓸 것 같습니다.
He also said it was an infection and it was about to be getting worse for about 2 weeks to come. Some terrible symptoms are expected as well.

다행히 문법적인 오류는 많지 않았죠? 그래도 틀린 곳이 있고, 자연스럽지 못한 표현도 많았습니다. 카톡으로 위 내용을 받고, 전화로 이야기를 나누었습니다. 박 선생 의견도 쓰기 첨삭지도가 현실적으로 쉽지 않다는 것이었습니다. 누군가 첨삭지도를 꾸준히 해줄 사람이 없다면 글쓰기 연습을 해도 맞았는지 틀렸는지 답답함은 풀리지 않을 것입니다. 만일 첨삭지도를 해줄 영어 고수가 주위에 있다면 큰 복이겠죠.

저도 그렇지만 대부분 첨삭지도를 해줄 영어 고수를 찾기 어려울 것입니다. 박 선생 역시 뾰족한 수가 없다면서 글쓰기 실력 향상을 위해 책이나 신문 기사 등을 꾸준히 읽는 것이 좋을 것이라고 권했습니다. 국어 학습을 할 때에도 좋은 책을 많이 읽으라고 하지요. 지속적으로 읽으면서 시간이 많이 걸리더라도 책 속의 정확한 표현을 하나하나 습득해 나갈 수 있기를 바랍니다.

그리고 책을 읽지만 말고, 베껴 쓰는 것도 좋다고 합니다. 동양이나 서양이나 인쇄술이 발달해서 서적이 널리 유통되기 전까지는 책을 필사했습니다. 친구한테서 빌린 책을 베낀 다음 그것으로 공부했습니다. 전문적으로 책을 베끼는 이들을 필경사라 했는데, 유럽의 수도원에는 전문적으로 성경을 베끼는 필경사가 있었고, 조선시대에도 16세기 이후 방각본 소설이 유행하기 전에는 인기 있는 책을 여러 권 베껴서 빌려주었습니다. 결코 쉽지 않은 작업이겠지만, 남의 글을 따라 써보는 것이 글쓰기에도 도움이 될 것입니다.

① 영어로 된 글이나 책을 많이 읽는다.
② 읽지만 말고, 문장을 그대로 베껴 쓴다.

그러면 어떤 책을 읽는 것이 좋을까요? 저는 필리핀에 있을 때, 선생님한테 초등학교 필리핀 역사책을 빌려 보았습니다. 역사를 공부하는 사람이다 보니, 자연스럽게 필리핀 역사가 궁금했습니다. 영어 공부도 하고 역사도 공부하니 이게 바로 일석이조! 초등학생용이기 때문에 문장이 어렵지 않았고 부족한 제 실력으로도 어느 정도 읽어낼 수 있었습니다. 인터넷에서 검색하면 영어 원서를 비롯해서 한국의 여러 출판사가 편집해 출판한 많은 책들이 있습니다. 역사에 관심이 있는 5060이라면 다음 책으로 시작하는 건 어떨까요?

① Albert F. Blaisdell의 The Story of American History for Elementary Schools(초등학교)

② McDougal Littell의 Middle School American History(중학교)

내 목소리 녹음도
말하기 공부

2016년 2월, 여행 다큐 촬영을 위해 뉴질랜드에 갔습니다. 뉴
질랜드 북섬에 있는 아름다운 곳 케이프 레인가는 마오리족에
게 영적인 장소입니다. 마오리족이 죽으면 그의 영혼은 이곳에
서 뛰어내려 수령 800년 된 포후투카와(Pohutukawa) 나무뿌리
를 타고 지하 세계로 내려가 조상의 고향인 상상의 섬 하와이키
(Hawaiiki)로 돌아간다고 합니다.

　'세 왕의 섬'(Three Kings Islands)은 먼 바다에 떠 있는 세 섬
으로, 맑은 날 볼 수 있다고 합니다. 아벨 타즈만이 세 섬을 발
견한 날이 세 명의 동방박사가 아기 예수를 방문한 1월 6일과
날짜가 같아 '세 왕의 섬'으로 이름 지었다고 합니다. 등대로 내
려가는 산책길에서 만난 청년에게 어렵사리 말을 걸어보았습

니다.

"Hi, how are you? Where are you from?"

"I'm from France. How about you?"

"I'm from Korea. Have you ever heard about Korea?"

"Seoul."

"Exactly I'm from Seoul. Where in France did you come from?"

그는 노르망디에서 왔고, 워킹홀리데이 중이었습니다. 일
을 해서 돈을 마련하고 여행을 하면서 돈을 씁니다. 학교를
졸업하고 취직하면 1년에 한두 번 짧은 휴가를 얻을 수 있는 한
국인들과는 퍽 다른 삶을 누리고 있습니다. 부러우면 지는 거라
고 했지만 솔직히 부럽습니다. 그 청년은 뉴질랜드 여행을 마치
면 캄보디아, 베트남, 말레이시아 같은 아시아 국가에 갈 거라고
했습니다. 기회가 되면 한국에도 오라고 하면서 서울과 경주 그
리고 제주도를 추천했습니다.

    등대 앞에서 만난 캐나다 남성과 아르헨티나 여성 커플에
게도 말을 걸어보았지만, 그들이 하는 말이 잘 들리지 않았습니
다. 특히 캐나다 청년의 말은 정말 들리지 않았습니다. 영어 하
는 거 맞나 싶게 말이 너무 빨랐고, 무슨 단어를 발음하고 있는

222

지 짐작조차 어려울 정도로 낯설었습니다. 마지막으로 만난 이들은 60대 초반으로 보이는 독일인 부부였습니다. 그들은 벤치에 앉아 있었고, 저녁노을을 기다린다고 했습니다. 해가 지려면 아직 몇 시간 남았는데도 말입니다.

그날 프랑스에서 온 청년과 캐나다 남성 그리고 독일인 부부와 짤막한 대화를 나누었습니다. 저는 그들이 어디에서 왔는지, 케이프 레인가에는 왜 왔는지가 궁금한 것이 아니었습니다. 그들이 내 영어를 알아듣는지, 그들이 하는 말을 내가 알아들을 수 있는지를 확인하는 것이 대화의 목적이었습니다. 결과는 참패라고 할 수는 없지만, 몹시 부끄러운 수준이었습니다.

그래도 좋은 경험이었습니다. 프랑스와 독일에서 온 이들의 말은 그다지 빠르지 않았고, 발음도 어렵지 않았습니다. 저보다 훨씬 빨랐지만, 머릿속으로 영어를 생각하며 말을 내뱉는 느낌을 받았습니다. 독일인 남성은 이참 씨가 한국어를 하듯이 천천히 신중하게 말했습니다. 그러나 캐나다 청년의 말은 정말 어려웠습니다. 영어 공부 시작하고 오디오 파일을 듣는데 전혀 들리지 않았던 때와 마찬가지로 막막했습니다. 앞으로도 얼마나 들어야 저들의 말이 들릴까요?

영어 공부를 막 시작했던 때에는 정말 들리지 않았습니다. 며칠 동안 산책 중에는 꼭 오디오 파일을 들었지만, 진전이 없어 보였습니다. 그러다 시간 낭비라는 생각이 들었습니다. 들리지 않는 것을 반복해서 듣는 것은 의미가 없습니다. 그때 생각한 것이 교재의 영어 문장을 직접 녹음하는 거였습니다. 틀리지 않고 녹음하려면 뉴스 앵커들이 생방송 전까지 계속 원고를 읽는 것처럼 녹음 전에 충분히 연습을 해야 합니다.

마이크 앞에서 일생을 살아왔지만 녹음도 쉽지 않았습니다. 정신을 집중해서 1시간 분량 정도를 녹음했고, 산책하는 동안 들었습니다. 일단 좋은 점은 'I've been studying English for two months. I feel English is too difficult for me to learn. But I never give up.' 등등 모든 문장이 또렷하게 들렸다는 것이고, 중얼중얼 따라 하면서 말하기 연습도 하고 그 과정에서 문장을 익힐 수 있었다는 것입니다. 안 좋은 것은 투박한 발음, 부정확한 악센트 등이었지만, 원어민들의 말소리가 들리기 시작할 때까지는 이 방법으로 버텼습니다.

지금도 산책할 때는 이어폰을 꽂고 영어를 듣습니다. 듣기만 하는 것이 아니라 가능하면 소리를 크게 내면서 계속 문장을 따라 합니다. 공원에 사람이 없지 않지만, 어느 정도 간격만 확보하면 아무런 문제가 없습니다. 사실 가까이 사람이 있는지 없는지 그다지 신경 쓰지 않습니다. 고성방가로 끌려갈 정도는 아니니까요.

산책할 때, 젊은 친구들이 이어폰을 꽂고 뭔가를 듣고 있는 것을 자주 봅니다. 무엇을 듣고 있는지는 알 수 없습니다. 음악일 수도 있고, 공무원 시험 준비에 필요한 인강을 청취하는 중일 수도 있습니다. 그중에는 분명히 나처럼 영어를 듣는 친구들도 있을 것입니다. 그렇지만 저처럼 소리를 내어 중얼거리는 사람을 본 적이 없습니다. 왜 입을 꼭 다물고 있는 걸까요? 미세먼지 때문일까요?

영어는 언어입니다. 말하기를 연습할 때는 반드시 소리를 내야 합니다.

Please, speak louder(제발 큰 소리로 말하세요)!

미드를 보며
영어를 연기하다

영어 공부를 위해 미드를 보는 학습자들이 많습니다. 이유는 원어민의 발음을 들을 수 있고, 문장을 어떤 식으로 표현하는지 표현 방식을 배울 수 있고, 어떤 식으로 감정을 실어 말하는지도 파악할 수 있기 때문입니다. 하나를 더 추가하면 '재미있다'는 것입니다. 물론 재미있다고 공부는 포기하고 드라마만 보면 안 됩니다.

인터넷에서 '영어 공부 미드 추천'이라고 검색하면 많은 미국 드라마를 확인할 수 있습니다. 중급 수준에서 도전할 만한 드라마는 〈내가 그녀를 만났을 때〉(How I Met Your Mother) 〈프렌즈〉(Friends) 〈모던 패밀리〉(Modern Family) 〈심슨 가족〉(The Simpsons) 같은 작품들입니다.

내가 그녀를 만났을 때(How I Met Your Mother)

미국 CBS에서 2005년부터 2014년까지 방영했던 시트콤으로 주인공 테드 모스비가 2030년, 자식들에게 자기 아내를 어떻게 만났는지 이야기해주는 액자소설 같은 구성을 취하고 있습니다. 기본 줄거리는 아이들에게 들려주는 주인공 테드의 끊임없는 사랑 이야기인데, 소파에 앉아 아버지의 이야기를 들어야 하는 아이들의 지겨워하는 표정도 감칠맛을 줍니다.

프렌즈(Friends)

미국 NBC에서 방송된 시트콤으로 미국 뉴욕시 맨해튼의 그리니치 빌리지에 사는 20~30대 남자 셋과 여자 셋의 생활을 그렸습니다. 1994년 9월 22일 방송이 시작되어 2004년 5월 6일 시즌 10을 마지막으로 종영되었는데, 미국뿐만 아니라 전 세계적으로도 큰 성공을 거두었습니다.

모던 패밀리(Modern Family)

가족 사이에 일어나는 해프닝을 다루는 모던 패밀리는 코믹하면서도 인간적인 모습의 캐릭터들을 통해 미국 중산층 가정의 모습을 보여줍니다. 배경이 서부의 대표 도시 LA이기 때문에 동부지역을 배경으로 하는 미드보다 말이 빠르지 않고 발음이 정확한 편이며, 전문적인 표현이 많지 않고 일상적으로 사용하는 구문이 많아 영어 공부에 제격이라는 평을 받습니다.

심슨 가족(The Simpsons)

1989년부터 2014년까지 26시즌에 걸쳐 20세기 폭스 텔레비전 채널에서 방영한 애니메이션입니다. 가상의 도시 '스프링필드'에서 살아가는 심슨 가족을 중심으로 미국 사회와 문화, 중산층의 삶을 풍자적으로 묘사했습니다. 심슨 가족은 캐릭터들의 이미지를 과장과 왜곡으로 단순화했고, 가족들은 엉뚱함, 졸렬함, 억울함, 사랑스러움 등을 통해 인간 내면의 모습을 있는 그대로 보여줍니다.

이 밖에도 수사, 과학, 역사, 학원, 의학 등등 많은 장르의 드라마가 있는데, 이런 드라마의 경우에는 특성상 일상 회화에서 자주 사용하지 않는 전문 용어가 많이 나와 좀 어렵습니다.

학습자의 취향에 따라 선택해서 보면 되겠지만, 아무래도 가족, 직장, 연애 등 장르가 쉽게 접근할 수 있을 것입니다. 인터넷에서 대본도 구할 수 있는 드라마도 상당히 많습니다. 다음은 〈내가 그녀를 만났을 때〉 시즌 1의 첫 회 첫 장면 시작 부분입니다.

[Title: The Year 2030]

Narrator: Kids, I'm going to tell you an incredible story. The story of how I met your mother.

해설(아버지): 얘들아, 너희들한테 아주 멋진 이야기를 들려줄게. 내가 너희 엄마를 만난 이야기야.

Son : Are we being punished for something?

아들: 우리가 뭔가 잘못해서 벌을 받게 되는 거야?

Narrator : No.

해설: 아니야.

Daughter : Yeah, is this going to take a while?

딸: 이거 시간 좀 걸릴까요?

Narrator : Yes. (Kids are annoyed) Twenty-five years ago, before I was dad, I had this whole other life.

해설: 그래. (아이들은 뾰로통하다.) 25년 전, 내가 아버지가 되기 전, 나는 이렇게 완전히 다른 삶을 살았지.

(Music Plays, Title "How I Met Your Mother" appears)

(음악이 흐르고, 제목이 뜬다. 내가 그녀를 만났을 때!)

미드를 볼 때 처음부터 자막 없이 보는 것은 불가능합니다. 가능하다면 더 이상 공부가 필요한 학습자가 아닐 것입니다. 어떤 이들은 들리지 않더라도 계속 반복해서 보라고도 하지만, 제 경험상 들리지 않는 말은 반복 시청해도 들리지 않습니다. 이 같은 행위를 반복한다는 것은 시간 낭비일 가능성이 높습니다. 다음의 단계로 학습하는 것이 합리적입니다.

1단계 : 영어와 한글 자막을 같이 본다.
2단계 : 영어 자막으로 본다.
3단계 : 자막 없이 본다.

처음에는 영어와 한글 자막을 같이 보면서 내용을 파악합니다. 다음에는 한글 자막 없이 영어 자막만으로 봅니다. 영어 자막에 소리가 겹쳐 들리면서 내용이 이해된다면 대성공입니다. 저는 아직 이 단계가 안 되어서 반복적으로 화면을 멈추었다가 다시 틀기를 반복하면서 봅니다. 정지 화면에서 자막으로 제공되는 문장을 보고 해석하고 따라 하면서 공부합니다.

제가 처음 본 미드는 〈프렌즈〉였습니다. 그리고 〈위기의 주부들〉, 〈내가 그녀를 만났을 때〉 같은 드라마를 보다가, 공부까지는 아니더라도 서양사의 흔적이나 분위기라도 들여다 볼 겸 장르를 역사물로 바꾸었습니다. 〈바이킹〉(Vikings)과 〈튜더스〉(The Tudors)를 보았고, 〈왕좌의 게임〉(Game Of Thrones)은 역사가 아닌 판타지여서 보다가 집어치웠습니다. 요즘에는 교황 알렉산드르 6세 보르지아 가문의 이야기를 그린 〈보르지아〉(The Borgias)를 보고 있는데, 영어 공부도 하고 15세기 유럽의 분위기와 가톨릭의 역사를 느낄 수 있어 좋습니다.

저는 배우들의 대사를 따라 할 때, 그냥 따라 하지 않습니다. 화면 속의 배우들처럼 연기를 합니다. 소리를 내어 배우들의 억양을 흉내 내고 감정까지도 표현하려고 노력합니다. 영어가 그들의 언어인 만큼 그들을 흉내 내는 것이 중요합니다.

(버럭 소리를 지른다.) What's wrong with you?

(궁지에 몰린 쥐 같은 목소리로...) I was so hungry so so...

(냉정하게 다그치며 야단치는 듯이.) How come you ate my hamburger without my permission?

(애절하게 호소하는 목소리로.) Forgive me please.

처음에는 엄청 어색해서 웃음이 터질지도 모릅니다. 하지만 곧 익숙해질 겁니다. 저는 이러다가 나이 60세에 어눌하게 영어를 하는 한국 이민자 역할로 미국 드라마에 출연하게 되면 어쩌지 하는 유쾌한 상상도 해봅니다. 인생은 한 치 앞을 알 수 없으니까요. 아, 물론 미국 드라마에 나가는 게 제 목표는 아닙니다. 저는 매우 현실적인 사람이라 그런 허황된 생각은 절대 하지 않습니다. 하지만 전 늘 생각합니다. '내가 하고 싶은 것, 내가 할 수 있는 것을 하자!'라고요. 영어 공부는 내 힘으로 할 수 있는 몇 가지 일 중에 하나입니다.

공부가 삐걱댈 땐
추억의 골든팝송

중학교 때 팝송에 푹 빠져 지냈습니다. 학교가 파하고 집에 돌아오기가 무섭게 라디오로 팝송을 들었습니다. 저녁을 먹으면서도 공부할 때도 팝송을 들었습니다. 이게 가능했던 것은 아마 팝송 가사의 의미를 몰라서, 책을 읽는 데 방해를 받지 않았기 때문이었을 것입니다. 팝송의 가사 내용보다는 소리를 들었던 것입니다.

비틀즈의 Yesterday, 올리비아 뉴튼 존의 Let me be there, 이글스의 Hotel California, 스키터 데이비스의 The end of the world, 엘튼 존의 Don't go breaking my heart, 해리 닐슨의 Without you 등등 다 열거할 수 없습니다. 문제는 그 많은 노래를 들으면서도 팝송 책에 실려 있는 번역된 가사를 보지 않고는 내용을 알 수 없었다는 겁니다. 만일 그때 스스로 가사를 해석하고 좋아하는 노래 가사를 다 외웠으면 영포자가 안 될 수도 있었을 것입니다.

4년 반 전 영어 공부를 진지하게 시작한 이후에 인터넷에서 추억의 팝송 가사를 좀 찾아보았습니다. 시적인 표현이라든가 비문법적인 표현 같은 노래 가사의 특성상 해석이 좀 어려운 것도 있었지만, 내 눈과 머리로 '아하, 이게 이런 뜻이었구나.' 하며 즐거워했습니다. 엘튼 존의 'Sorry Seems to be the Hardest Word'도 그중의 하나입니다.

It's sad, so sad. 슬퍼요, 너무 슬퍼요.

It's a sad, sad situation. 아주 슬픈 상황이에요.

And it's getting more and more absurd. 그리고 점점 더 터무니없는 상황이 돼가고 있어요.

It's sad, so sad. 슬퍼요, 너무 슬퍼요.

Why can't we talk it over? 왜 우리는 대화로 풀 수 없나요?

Oh, it seems to me that sorry seems to be the hardest word. 아, 미안하다는 말은 가장 힘든 말일 겁니다.

애간장을 녹이는 듯한 곡조의 사랑 노래입니다. 구체적인 설명은 없습니다. 뭔가 풀어야 하는데, 풀지 못하는 상황에서 그저 '미안하다'는 말이 하기 가장 어려운 말이라는 표현을 반복하고 있습니다. 뭔가 큰 사고를 친 것 같죠? 온갖 상상력을 동원케 하는 가사이지만, 여하간 결론은 미안하다는 말을 하는 것이 매우 어렵다는 것입니다.

'미안하다'는 말은 가장 하기 어렵습니다. '미안해, 오늘 좀 늦었어.'라는 말 정도야 어렵지 않겠지만, '미안해, 전부 내 실수야.' '내가 잘못했어.' 같은 말을 정말 하기 어려울 때가 있습니다. 그런 때 미안하다고 사과하는 사람이야말로 위대한 인간일 것입니다. Sorry, I'm sorry.

추억의 팝송은 5060에게 좋은 교과서가 될 수 있습니다. 어려운 교과서보다는 재미있고 흥미로운 교과서가 좋습니다. 즐거운 마음으로 해석하고, 즐거운 마음으로 노래하면 영어 공부도 더욱 즐거워질 것입니다. 가능하면 가사를 외우고, 흥이 나면 노래방에 가서 영어 노래 실력도 과시해보자고요.

① 진추하와 아비의 'One summer night'

One summer night, the stars were shining bright.
한 여름 밤, 별들이 밝게 빛나고 있었죠.
One summer dream, made with fancy whims.

한 여름의 꿈, 잠깐의 공상이었죠.

That summer night, my whole world tumbled down.

그날 밤 온 내 세상이 무너져 내렸지.

I could have died, if not for you.

당신이 아니었다면 나는 죽었을지도 몰라요.

Each night I'd pray for you.

매일 밤 당신을 위해 기도하겠어요.

My heart would cry for you.

내 마음은 울 거예요.

The sun won't shine again since you have gone.

저 태양도 빛을 잃었네요, 당신이 떠난 이후로.

Each time I'd think of you, my heart would beat for you.

당신을 생각할 때마다, 내 심장은 당신을 향해 뛰겠죠.

You are the one for me.

당신은 나에게 오직 한 사람이에요.

② 비틀즈의 'Yesterday'

Why she had to go I don't know.

왜 그녀가 떠나야 했는지 난 몰라요

She wouldn't say. I said something wrong.

그녀는 아무 말도 하지 않았지요. 나는 뭔가 잘못 말했죠.

Now I long for yesterday.

지금 나는 지난날을 그리워해요.

Yesterday, love was such an easy game to play.

예전엔, 사랑은 아주 쉬운 게임 같았어요.

Now I need a place to hide away.

이제 난 숨을 곳이 필요해요.

Oh, I believe in yesterday.

아, 그때가 좋았어요.

③ 존 덴버의 'Take Me Home, Country Roads'

Almost heaven west Virginia, blue Ridge Mountains Shenandoah river.

거의 천국과도 같은 웨스트버지니아, 블루 리지 산맥과 셰넌도어 강

Life is old there older than the trees, younger than the mountains, growin' like a breeze.

그곳에서는 삶이 나무보다도 오래되었고, 산들보다는 젊고, 산들바람처럼 자라나요.

Country Roads, take me home. To the place I belong.

시골길이여, 나를 고향으로 데려다줘요. 내가 속해야 할 곳으로.

West Virginia mountain momma, take me home, country roads.

웨스트버지니아의 산의 어머니시여, 나를 집으로 데려가줘요, 시골길이여.

화상영어나
전화영어를 활용하다

영어 공부 혼자서 할 수 있습니다. 하지만 대화는 혼자서 할 수 없습니다. 같이 공부하는 짝꿍이 있으면 주거니 받거니 회화 연습을 할 수 있습니다. 하지만 그런 친구가 없다면 어떻게 해야 할까요? 3년 열심히 공부했는데, 말할 기회가 없다면 무슨 의미가 있을까요? 국내에서 외국인 친구를 사귈 수 있다면 더 바랄게 없겠지만 쉽지 않습니다. 그동안 갈고닦은 실력을 발휘하겠다고 뻔질나게 해외여행을 갈 수도 없는 노릇이죠.

　　원어민과의 실전 대화가 필요할 때, 화상영어나 전화영어를 활용할 수 있습니다. 인터넷, 컴퓨터, 헤드셋만 있으면 집에서 국내에서도 미국, 캐나다, 호주, 필리핀 등지의 교사들과 공부할 수 있습니다. 물론 수업료는 내야 합니다. 다음은 필리핀 영어교사들과 화상수업을 전문적으로 제공하는 T학원의 수강료입니다. (2018년 1월 26일 현재.)

화상영어	수업시간	1개월		2개월(3%할인)		3개월(5%할인)	
주2회 (화, 목)	25분	79,000 원	수강신청	153,300 원	수강신청	225,200 원	수강신청
	50분	142,000 원	수강신청	275,500 원	수강신청	404,700 원	수강신청
주3회 (월, 수, 금)	25분	99,000 원	수강신청	192,100 원	수강신청	282,200 원	수강신청
	50분	178,000 원	수강신청	345,300 원	수강신청	507,300 원	수강신청
주5회 (월 ~ 금)	25분	129,000 원	수강신청	250,300 원	수강신청	367,700 원	수강신청
	50분	232,000 원	수강신청	450,100 원	수강신청	661,200 원	수강신청

50분 수업, 일주일 2회, 한 달 수강료가 142,000원이고, 일주일 3회는 178,000원입니다. 화상수업은 인터넷에 연결된 컴퓨터 모니터를 통해 서로 얼굴을 보며 하는 수업이어서 실제 교실에서 하는 대면수업과 차이가 없습니다. 인터넷 연결 상태가 좋지 않을 때, 음성이 끊기거나 화상이 끊길 때 짜증이 나거나 스트레스를 확 받기도 하지만 컴퓨터를 창밖으로 집어던지거나 할 만큼 극복할 수 없을 정도는 아닙니다.

영어 실력이 어느 정도 무르익으면 일주일에 두세 번이라도 영어 화자와 대화를 통해 말하기 능력을 발전시켜야 합니다. 물론 화상수업을 한다고 해서 하루아침에 원어민처럼 될 수 있다는 것은 아닙니다. 그동안 쌓은 영어 실력을 실전처럼 구사하는 기회를 가질 수 있고, 직접 대화를 통해 말하기 감각을 터득하고 유지할 수 있으며, 선생을 잘 만나면 많이 배울 수 있습니다. 이 정도면 충분히 해볼 만하지 않을까요?

미국·캐나다·호주 등 원어민들에 비해 필리핀 교사와 하는 화상영어 수업료가 환율 차이로 인해 상당히 저렴한 편입니다. 필리핀은 영어를 공용어로 사용하는 국가입니다. 그럼에도 영어가 그들의 모어가 아니기 때문에 기피하는 경향이 있습니다. 그러면 영어는 반드시 미국·캐나다·호주 원어민 교사에게 배워야 할까요?

한국에 나와 있는 원어민 교사의 자격·자질 시비는 어제오늘 일이 아닙니다. 2013년 현재 충청북도만 살펴봐도 초·중·고교에 배치된 원어민 교사 가운데 10%만이 교사자격증을 갖고 있었습니다. 자격증이 없어도, 전공이 영어교육이 아니어도, 학사 학위만 있으면 원어민 교사로 초빙합니다. 심지어 학위를 위조해 들어온 원어민도 있고, 한국생활 부적응·알코올·이성문제 등을 일으키는 원어민 교사의 얘기도 적지 않게 들려옵니다.

우리나라 정부는 필리핀인을 원어민으로 인정하지 않으므로 학교나 어학원에서 필리핀 영어교사를 채용하지 않습니다. 중국도 마찬가지입니다. 2017년 말 신문보도에 따르면, 필리핀 정부가 자국민이 중국 내에서 영어교사로 채용될 수 있도록 중국 정부가 비자를 허용해줄 것을 촉구했지만, 중국은 필리핀인이 영어를 모국어로 사용하지 않는다는 이유로 거부한다고 합니다. 그러나 원어민이 아닌 것은 맞지만 정말로 자격이 없을까요?

필리핀 영어교사가 모두 뛰어난 실력과 자격을 갖춘 것은 아니지만, 잘 훈련된 교사들이 있습니다. 원어민과 발음이나 억양은 조금 다르지만, 어렸을 때부터 잘 교육받고 훈련된 교사들이 있습니다. 따라서 엄격한 검증 과정을 거쳐 고용한다면 우리나라에 와 있는 무자격 원어민 교사들보다 백 배 나을 것입니다. 현재 일본은 필리핀 교사를 고용하고 있습니다. 우리도 파란 눈의 원어민만 고집할 것이 아니라, 저비용으로 실력 있는 교사를 채용하는 길이 있다는 것을 생각할 필요가 있습니다.

배우며 사는 것은 즐거운 소풍

잠자리에서 일어나면 제일 먼저 컴퓨터를 켜고 미드를 튼 다음, 방과 거실을 오락가락하면서 드라마에서 나오는 대사를 중얼중 얼 따라 하며 아침을 시작합니다.

> "If Don doesn't want me to hear it, I'd like to want to hear it."
> "Oh, blow me."
> "I want you to not use that language in front of women."

'blow me'는 처음 보는 표현입니다. 'Don't blow me off.'가 '나를 무시하지 말라'는 뜻이니, blow me는 자신이 무시당하는 상황에 대한 투덜거림인 듯합니다. 배우의 표정과 대사의 톤이 그렇습니다. 그런 것까지 흉내 내며 'Oh, blow me.'라고 몇 번 반복하다가 다음 표현으로 넘어갑니다. 바쁠 때는 10분 정도로 멈추기도 하지만 여유가 있을 때는 30분 정도 봅니다.

지금은 학기 중이라 여유가 없습니다. 학기 중에는 대부분의 시간을 수업 준비에 투자합니다. 매학기 같은 수업을 하고 있지만, 이전에 미처 읽지 못했던 책이나 자료를 보면서 강의 내용을 수정하거나 추가합니다. 이러니 매학기 같은 수업을 해도 늘 준비할 게 많습니다. 책은 읽어도 끝이 없습니다. 저녁이 있는 삶을 간절히 소망하는 사람인데, 주말도 없는 나날을 보내고 있습니다. 그래도 영어 공부는 일상이 되었습니다.

아침저녁으로 출퇴근 시간이 정해진 직업이 아니어서 날마다 조금씩 다른 일과를 소화하면서 영어와 접촉을 시도합니다. 커피를 한 잔 마시면서 이메일, 페북 등을 확인하고, global21 "Daily English Service"를 읽습니다. 오늘은 Speculate, speculation에 대한 설명이었습니다. "우리는 이 야구방망이가 잔인한 살인사건을 저지르는 데 이용되었다고 추측할 수 있다."는 좀 섬뜩한 문장입니다.

We can speculate that this baseball bat was used to commit the brutal murder.

이런저런 일을 하다가도 시간을 내서 Breaking News English와 〈리더스 다이제스트〉의 영문 기사를 읽습니다. 아주 가끔은 주제를 정해 글쓰기도 합니다. 지하철 안에서는 네이버 '오늘의 영어회화'를 읽고, 산책할 때나 자전거를 탈 때는 팟캐스트를 듣습니다. 지하철 안에서는 눈으로, 밖에서는 입으로!

일주일에 2~3번 정도 필리핀에서 어학연수할 때 만난 마얀(Mayan) 선생과 스카이프로 2시간 수업을 합니다. 마얀은 CNU(Cebu Normal University)에서 영문학을 전공한 수재로 대학에서 영어와 영문학을 가르칩니다. 지금까지 900시간 넘게 수업했는데, 그동안 듣기와 말하기 능력이 조금씩 나아졌습니다.

마얀에게 한 달에 20만 원 정도를 송금하는데, 그녀에게는 아주 괜찮은 아르바이트라고 합니다. 굳이 이 얘기를 하는 것은 그녀가 자신의 직장에서 받는 임금 외에 부수입이 짭짤하다는 것을 말하고자 함이 아니고, 한 달에 20만 원 정도로 큰 부담 없이 공부할 수 있다는 것을 알리고 싶어서입니다.

시간적으로 여유가 있는 5060은 여행 겸 필리핀어학원에서 2주쯤 생활해보는 것도 괜찮습니다. 영어 공부도 하고 바닷가에 가서 쉴 수도 있습니다. 이런 제안을 하는 것은 그 기간에 실력 있는 교사를 직접 발굴해 귀국 후 일주일에 2~3회라도 온라인 수업을 하면 좋을 것 같아서입니다.

영어 공부를 시작하고 5년 정도 되었습니다. 그동안 어렵고 힘들고 때로는 속상하기도 했습니다. 그만둘까 고민한 적도 있었죠. 그래도 포기하지 않았습니다. 투자한 시간이 아까워서가 아니라 힘들지만 재미있을 때가 많아서 지금까지 하고 있습니다. 물론 웬만해서는 그만두지 않는 내가 맘에 들 때도 있습니다. 특별한 재능도 없고 머리도 명석하지 않은 보통사람이지만 다시 한번 엉덩이의 힘을 믿습니다. 영어를 마스터하지 못한다 하더라도 괜찮습니다. 공부하며 사는 것만으로도 행복합니다. 가끔 이런 질문을 받습니다.

"아직도 공부하세요? 청년이시네요."

1993년 KBS 라디오에서 〈정재환쇼〉를 진행할 때 디제이들이 모여서 앨범을 하나 만들었습니다. 이 앨범에 '늙은 소년의 꿈'이라는 노래가 실렸습니다. 강인봉 씨가 작곡하고 제가 가사를 쓰고 노래했습니다.

"꿈을 꾸었네. 어릴 적 나의 왕국 작은 소년 하나 큰 소리로 노래했네. 나는 갖고 싶어요. 이 세상 모든 것을. 세상에서 제일 큰 왕국을 나는 갖고 싶어요. 황금사자의 갈기와 흰 고래의 수

염과 독수리의 발톱을 나는 갖고 싶어요.

소년은 길을 떠나고, 아무도 소년을 막지 못했네. 이보다 더 큰 왕국은 없다고 아무도 소년을 설득하지 못했네. 산을 넘고 들을 지나 강은 깊고 바다는 넓었지만, 결코 소년은 포기하지 않았네. 그러던 어느 날 소년을 왕국을 발견했고 기쁨과 행복 놀라움에 소리쳤네.

드디어 나는 찾았어. 이게 바로 나의 왕국이야. 황금사자의 갈기와 흰 고래의 수염과 독수리의 발톱 이 모든 것이 내 것이야. 나는 갖고 싶어요. 이 세상 모든 것을 세상에서 제일 큰 왕국을 나는 갖고 싶어요.

소년은 왕이 되었고, 소년은 행복했지. 소년은 모든 것의 주인이니까. 하지만 세월은 왕이 된 소년을 그냥 내버려두지 않았네. 몇 번인가 낙엽 지고 어둠이 내린 저녁. 늙은 소년은 두 번 다시 노래할 수 없었네. 나는 갖고 싶어요. 이 세상 모든 것을 세상에서 제일 큰 왕국을 나는 갖고 싶어요."

그날 이후 저는 늙은 소년이 되었습니다. 시간은 흐르고 한 살 두 살 나이를 먹지만, 늘 꿈을 꿉니다. 그러나 욕심을 부리지는 않습니다. 그저 꿈을 꾸고 꿈을 향해 나아갈 뿐입니다. 이 세상 모든 것을 갖는다 해도 인간은 결국 하늘로 돌아갑니다. 천

상병 시인처럼 길든 짧든 삶이 소풍처럼 즐거웠다고 말할 수 있다면 그것으로 충분하지 않을까요? 배우며 사는 것은 소풍의 즐거움 중 으뜸입니다.

때때로 배우고 익히면 이 또한 즐겁지 아니한가!

늙은 소년 정재환